和谐校园文化建设读本

奔腾江河

BENTENG JIANGHE

宋德印/编写

吉林出版集团股份有限公司
吉林教育出版社

图书在版编目(CIP)数据

奔腾江河 / 宋德印编写. —长春 : 吉林教育出版社, 2012.6 (2022.10 重印)
(和谐校园文化建设读本)
ISBN 978-7-5383-8797-1

Ⅰ. ①奔… Ⅱ. ①宋… Ⅲ. ①河流—中国—青年读物 ②河流—中国—少年读物 Ⅳ. ①K928.42-49

中国版本图书馆 CIP 数据核字(2012)第 116008 号

奔腾江河
BENTENG JIANGHE
宋德印　编写

策划编辑　刘　军　　潘宏竹
责任编辑　尹曾花　　装帧设计　王洪义

出版　吉林出版集团股份有限公司(长春市福祉大路5788号　邮编 130118)
吉林教育出版社(长春市同志街 1991 号　邮编　130021)
发行　吉林教育出版社
印刷　北京一鑫印务有限责任公司

开本　710 毫米×1000 毫米　1/16　　印张　10.5　　字数　133 千字
版次　2012 年 6 月第 1 版　　印次　2022 年 10 月第 2 次印刷
书号　ISBN 978-7-5383-8797-1
定价　39.80 元

编　委　会

总序

千秋基业，教育为本；源浚流畅，本固枝荣。

什么是校园文化？所谓“文化”是人类所创造的精神财富的总和，如文学、艺术、教育、科学等。而“校园文化”是人类所创造的一切精神财富在校园中的集中体现。“和谐校园文化建设”，贵在和谐，重在建设。

建设和谐的校园文化，就是要改变僵化死板的教学模式，要引导学生走出教室，走进自然，了解社会，感悟人生，逐步读懂人生、自然、社会这三本大书。

深化教育改革，加快教育发展，构建和谐校园文化，“路漫漫其修远兮”，奋斗正未有穷期。和谐校园文化建设的研究课题重大，意义重要，内涵丰富，是教育工作的一个永恒主题。和谐校园文化建设的实施方向正确，重点突出，是教育思想的根本转变和教育运行机制的全面更新。

我们出版的这套《和谐校园文化建设读本》，既有理论上的阐释，又有实践中的总结；既有学科领域的有益探索，又有教学管理方面的经验提炼；既有声情并茂的童年感悟；又有惟妙惟肖的机智幽默；既有古代哲人的至理名言，又有现代大师的谆谆教诲；既有自然科学各个领域的有趣知识；又有社会科学各个方面的启迪与感悟。笔触所及，涵盖了家庭教育、学校教育和社会教育的各个侧面以及教育教学工作的各个环节，全书立意深邃，观念新异，内容翔实，切合实际。

我们深信：广大中小学师生经过不平凡的奋斗历程，必将沐浴着时代的春风，吸吮着改革的甘露，认真地总结过去，正确地审视现在，科学地规划未来，以崭新的姿态向和谐校园文化建设的更高目标迈进。

让和谐校园文化之花灿然怒放！

本书编委会

目录

河流与我们

在我们广袤(mào)的国土上，一条条河流日夜奔流。

如果有人问：这些河流和我们生死攸(yōu)关吗？

你也许会不屑一顾，认为这是小题大问。它流它的，我活我的，有什么生死攸关？

往往是这样。一种事物，如果自然存在，即使是须臾(yú)不可缺少的，也往往不为人所珍视。就像空气，人们时刻都少不了它，却很少有人讴歌它、珍惜它。

河流也是这样。它就在我们身边。也许你是喝村边清澈的河水长大的，也许你从小就喜欢游泳，是在河水里泡大的，但你却未必会进一步思考河流与我们的密切关系。

河水默默地奔流着，从不停息。用孔子的话说，就是"逝者如斯夫！不舍昼夜。"(奔流而去得是这样匆忙啊！白天黑夜地不停留)为大自然弹奏着焕发万物生机的交响曲，慷慨无私地哺育着两岸的人民，成为人们的生命之泉。

远在新石器时代(在我国黄河流域约为公元前6000年时)，人类出于对水的需要，就开始聚集到河流两岸，觅食狩猎，繁衍生息，创造了灿烂的古代文明。世界四大文明古国都是在河流沿岸发展起来的。中国在黄河流域，古埃及在尼罗河畔，古巴比伦在两河(幼发拉底河、底格里斯河)之滨，古印度在恒河两岸。可以说，河流是人类文明曙光升起的舞台。没有河流，就没有古代文明。

人们很早就发现，最适合耕种的土地就是河流沿岸，它肥沃，便于灌溉。仅长江就用她那乳汁般的肥水灌溉着两亿多亩耕地，沿岸成都平原、江汉平原、苏皖平原和长江三角洲平原，不是“天府之国”，就是“鱼米之乡”，我国五分之二的粮食（主要是稻米）就出产在这里。“民以食为天”，哪里便于种田产粮，人们就聚集到哪里。于是，河流两岸自然而然成为人口密集之地。

人们很早就发现，要几十个人才扛得起来的粗大颀（qí）长的木头，一旦放到河水中，就“飘飘然”了。所以，沿河的人们运木头，不是靠人扛马拉，而是靠水力。河流成了人类运输的帮手。你到过北京故宫吗？那太和殿里的蟠（pán）龙柱，每根高14米多，直径1米多，要两三个人才抱得过来，顶天立地，堆彩泥金，是整根整料的金丝楠木。产地呢，远在千里之外的云贵川湘的深山老林里。这些庞然大物是怎么被运来的呢？原来，它们是从长江、大运河“漂”来的。

人们从木头放在河里会浮起来得到启发，造出了船。我国是发展造船业最早的国家。在没有汽车、火车、飞机的古代，船成了重要的运输工具，河流就是连接千里之外的通路，一条最廉价的通路。

发达的农业，聚集的人口，便利的交通，使沿河一带得天独厚，最先发展。我国也和世界各国一样，经济最发达的是大江大河沿岸和沿海地区。黄河流域的兰州、西安、洛阳、开封、郑州，长江流域的重庆、成都、武汉、南京、上海，大运河边的北京、天津、苏州、杭州，都是历史悠久、经济发达的名城。

有河就有鱼，河大水深鱼多。广阔的水面，就是天然的淡水鱼仓。我国的淡水鱼产量，三分之二都出自长江及其支流的江河湖沼中。

河流又通过水流本身的作用，不断地切割、冲刷着它所流经的地区，不断地改变地表的面貌，使大自然成为千沟万壑(hè)、奇峰异洞，深邃的峡谷、宏伟的瀑布，呈现秀丽的丰姿，而成为人们神往的旅游名胜。河流两岸成为旅游景点最集中的地方。长江就是如此，可谓集山川之胜于一江，展锦绣画卷于万里。山有峨眉山、衡山、神农架、武当山、庐山、黄山等，湖有泸沽湖、洞庭湖、武汉东湖、鄱(pó)阳湖、巢湖、太湖等，峡有虎跳峡、嘉陵江小三峡、长江三峡、大宁河小三峡等。

河流每年还把 44000 立方千米的淡水注入海洋，成为世界水循环的重要组成部分。河流调节着地球的气候，使之风调雨顺，适于人类生活。

当然，江河咆哮，似野马奔腾。既给人造福，也曾酿成灾祸。在过去两千年间，长江就曾发生过 200 多次大水灾，平均约十年一次。黄河历史上曾有 1500 多次大决口。水患发生时，洪水横流，一片汪洋，尸漂四野，惨不忍睹。

“俱往矣！”如今，党和政府领导人民群众，修堤筑坝，整治江河。水库星罗棋布，排洪涵闸数以千计。既收防洪之效，又有发电、灌溉、航运、水产养殖之利。

随着国家经济的发展，河流与我们的关系将更加密切。在当前世界性能源短缺的情况下，水能的利用更显得重要。我国的水力资源为 6.8 亿千瓦，居世界首位。其中可供开发的是 3.7 亿千瓦。如果把这些可开发的水力充分利用起来，每年可发电 19000 亿度。而目前我们已开发的水力资源，仅占可开发水力资源的 4.3%，潜力还大着呢！

祖国第一大河——长江

源远流长

“巨川不弃涓滴，方可成其大；大海不让（排斥）细流，始能就其深。”波涛澎湃的长江，源于人迹罕至的青藏高原腹地。正源叫沱沱河，南源叫当曲（“曲”是藏语，河流的意思），北源叫楚玛尔河。

这里是海拔5000多米的高原，空气稀薄，气候恶劣。有洁白如玉的雪山冰川，有连片的沼泽地，有大面积的风积沙丘，也有热气腾腾的泉群。真是壮丽多彩，气象万千！

滔滔长江的第一滴水，就来自这地处昆仑山和唐古拉山之间的雪山下，来自冰川融水。

三源汇合，成了通天河。“通天河”这名字，多么动听，又多么确切！这里海拔4500米左右，是地球上海拔最高的河段之一。站在河边，一眼望去，河流弯弯曲曲，伸向云天，好像从天上流下一般，真是“通天”了。假如唐代诗人王之涣能到通天河一游，说不定会把“黄河远上白云间”的诗句改成“江源远上白云间”呢。

在当地的藏族同胞中，流传着这样一个有趣的神话：在遥远的古代，有一条神牛从天而降，来到这长江源头，伏卧在地上，两个鼻孔不停地流水，流成了通天河。

通天河流到青海省玉树藏族自治州境内，河道变得顺直多了，水量充沛，俨然是一条波涛滚滚的大河了。

这里是长江流域重要的天然牧场。河边有绿草如茵的草滩，宽阔坦荡。成群的牛羊或者优哉游哉地吃着青草，或者嬉戏蹦跳，就像晴空中变幻的流云。藏族牧民豪放的歌声不时传来。长江，从它的源流地区就洋溢着田园牧歌的情调！

青海玉树通天河河谷

通天河在玉树县巴塘河口向南流，进入四川和西藏交界的高山峡谷。因为这里自古以来就是我国沙金产地，所以这段河流叫金沙江。

金沙江沿岸山高谷深，山岭之间的峡谷呈“V”字形，谷深可达两三千米。人们形容这里“隔山可对话，相会难上难”。金沙江水在群山丛岭中咆哮奔腾，激流汹涌，就像深嵌在巨斧劈开的狭缝里，人们形容这里“仰望山接天，俯看江如线”。

金沙江与邻近的怒江、澜沧江一同平行南流，彼此间距离最近处仅70千米，把这里的高原切割成许多平行的峡谷，形如锯齿，这就是我国著名的横断山区。

往南奔流的金沙江到了云南石鼓镇，突然拐了一个大弯，形成一个马蹄形的弯曲，折向东北，这就是著名的“长江第一弯”。

往下就到虎跳峡了。虎跳峡两岸的哈巴雪山和玉龙雪山夹江对峙(zhì)，白雪皑皑的山峰高出江面3000多米，谷壁如斧砍刀削。江水在这里被约束得只有几十米宽，最窄处不足30米。在16千米长的河段内，水面落差竟有200来米，人称“玉壁金川”，堪称奇观。奔腾无羁的江水拍打着悬崖绝壁，冲击着江中的乱石暗礁，涛声远传数里。

金沙江穿过云贵高原北侧，接纳了雅砻江等大支流，进入四川盆地，在宜宾与北来的岷江汇合。这才称为长江。其实，长江从源头流到这里，已奔流了3500多千米，确实是源远流长。

从四川宜宾到湖北宜昌的长江河段，俗称川江。川江在四川盆地上奔腾，浇灌出一个富庶的“天府之国”。公元前3世纪，秦国蜀郡郡守李冰父子在前人治水的基础上因地制宜，因势利导，修起了都江堰。这是长江流域最早建成的大型水利工程，是长江史上的辉煌篇章之一。

长江流过四川万县，便进入三峡。三峡是瞿塘峡、巫峡、西陵峡的总称。西起四川奉节的白帝城，东到湖北宜昌的南津关，全长200千米。

宜昌的川江

这是长江最风流的河段。两岸重岩叠嶂，一般高出江面500米以上，把长江紧钳其中，江面宽不过二三百米，最窄处只有几十米。由于四川盆地雨水充沛，岷江、沱江、嘉陵江、乌江等众多支流源源汇来，蓄积巨大能量的长江就像有劲无处使的长龙，愤怒地冲决巫山山脉的崇山峻岭，夺路而东下，构成一幅壮丽的图画。

一生遍历祖国名山大川的“诗仙”李白，曾三过三峡。公元759年，58

岁的李白，因受永王李璘事件的株连，被流放往夜郎(今贵州桐梓县东)，途中二次进峡。幸好，抵达白帝城时，李白意外遇赦。他在兴奋之余，决计马上买船东下，折返江陵，写下了《早发白帝城》这首千古绝唱："朝辞白帝彩云间，千里江陵一日还。两岸猿声啼不住，轻舟已过万重山。"喜悦之情，跃然纸上。三峡上下游之间斜度差距之大、水势之急、船行之快，尽现笔端。

长江奔流到宜昌，已走过了4500千米，这还只是上游的行程。

从宜昌南津关开始，长江就进入中游了。一出南津关，迎面就是雄伟的钢筋混凝土大坝，这就是长江上第一座大型水电站——葛洲坝水利枢纽。

葛洲坝水利枢纽

和上游迥然不同的是，长江一出南津关便豁然开朗，正是毛泽东所咏唱的"极目楚天舒"。这里水流趋向缓慢，河道弯曲，湖泊密布，江湖相通，支流众多。北有汉江，南有湘、资、沅、澧诸水注入洞庭湖。

从湖北枝城到湖南城陵矶(jī)这一段长江，因流经古荆州之地，俗称荆江。枝城到藕池口为上荆江，藕池口到城陵矶为下荆江。下荆江以河道蜿蜒曲折闻名，有"九曲回肠"之称。"长江万里长，险段在荆江"。从防洪角度看，荆江确实是长江最险要的河段。这里河道曲里拐弯，水流宣泄不畅，来自上游的泥沙年复一年地沉积起来，使河床不断升高，逐渐高出两岸地面，成为“地上河”，只得靠筑坝约束江水。

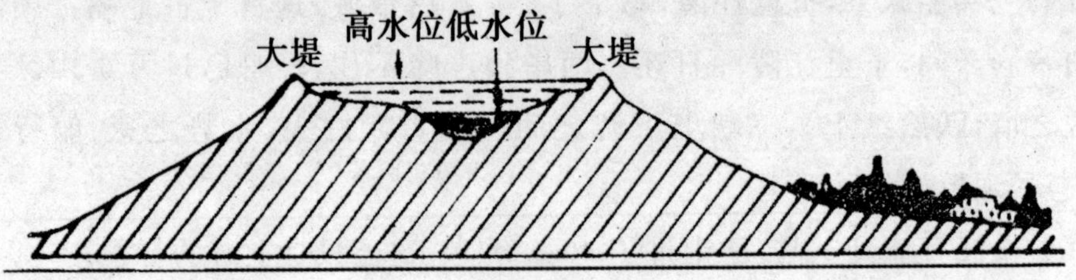

“地上河”示意图

一旦上游洪水暴发，这里就坝垮堤塌。所以历史上荆江地区是有名的水灾区。人民共和国成立后，加固荆江大堤，实行荆江分洪，裁弯取直河道，荆江才变害为利。

古有都江堰，今有葛洲坝、荆江工程。一部长江史，在很多篇页上就是沿岸人民治水史、变害为利史。

荆江南岸是洞庭湖平原，北岸是江汉平原，都是我国重要的商品粮基地。“两湖熟，天下足”。说的就是这两大平原。

长江流经武汉，过黄石，下九江，在江西鄱阳湖潮日，结束了 1000 千米的中游行程，进入下游。

长江下游长 800 多千米。这里地势坦荡如砥(dǐ)，水流平稳，水量丰富，江宽水深，沙洲众多，支流短小。主要有青弋江和巢湖、太湖水系及其短小的支流。

古代扬州离江边不远，南面有一个渡口叫扬子津，西南的仪征一带古时曾设扬子县，所以这一段长江又叫扬子江，也有人把长江下游称作扬子江。

长江下游是富饶的苏皖平原和长江三角洲平原，是我国经济最发达的地区之一。

长江三角洲以江苏镇江为顶点，向东北、东南方向散开，东至东海、黄海，北齐通(州)扬(州)运河，南到杭州湾，呈扇形，地跨江苏、浙江和上

浦江两岸的繁华

海，面积约 50000 平方千米。

滔滔长江从镇江东流横贯三角洲平原。这里地势更为平坦，水网密布，湖泊众多，有“水乡泽国”之称。到南通，江面展宽到 18 千米，到入海处则宽到 80 多千米，呈现江海相连，海潮怒涌的壮观景色。

长江在上海市接纳了最后一条支流黄浦江，走完了她 6300 千米的行程，绕过崇明岛，分南北两道，涌入烟波浩瀚的东海。

不竭之源

人类的认识总是逐步深化的。有些千古之谜，说不定要经历几百年上千年才有定论。人们对长江源头的寻觅就是这样。

我国最早的地理著作《尚书·禹贡》说：“岷山导江。”看来，早在 2000 多年前的战国时代，人们就已开始寻找长江的源头了，认为岷山是长江的发源地。

到了公元 1 世纪的汉代，《汉书·地理志》中则说：“遂久，绳水出徼

长江源

(jiào)外，东至僰(bó)道入江。”意思是说，在云南宁蒗(làng)县，有条金沙江(古称绳水)，从遥远的边外流来，往东到宜宾(僰道)进入长江。看来，当时已经意识到长江并非源于岷山，而是从很远的边外而来的金沙江，只是由于传统观念的束缚，依旧沿袭“岷山导江”的旧说。

到了唐代，唐僧玄奘前往西域取经，文成公主入藏，都途经通天河。从此人们进一步知道金沙江往上还有通天河。藏语称它为“直曲”(或“治曲”)，意为“神牛河”。唐代《蛮书》称它为“犁牛河”，显然源于藏语。只是囿于旧说，人们还不知道这就是长江的源头地区。

到了明朝末年，著名探险家徐霞客经过长途跋涉，历尽艰难，来到金沙江畔。他在《江源考》中第一次明确提出：“故推江源者，必当以金沙江为首”，纠正了“岷山导江”的旧说。

到了清代康熙年间，第一次在全国范围内运用近代测绘技术进行实地勘测，编制了《皇舆全图》。图中绘制了长江源头木鲁乌苏河和通天河。不久，康熙皇帝又派一位官员前往考察。这位官员好不容易来到这空气稀薄、气候恶劣的高原，面对支汊众多、有十几条河的江源水系，简直不知往哪条河走才能追本溯源，只好打道回府，报告说："江源如帚，分散甚阔。""江源如帚"倒是事实，正源何在却没找到。

我们无需苛求前人。因为在这海拔 5 千米以上的高原上，雪山绵亘，冰塔林立，高寒缺氧。如果没有各部门的通力合作，不借助现代化的交通、测绘设备，没有当地政府和藏族同胞的大力支持，想要搞清这个相当于荷兰、瑞士、比利时三国面积总和的江源地区，谈何容易！

所以，直到 20 世纪四五十年代，一般地理教科书也只是笼统地说长江与黄河同源于巴颜喀拉山，长江源于南麓，黄河源于北麓。其实，巴颜喀拉山作为昆仑山的一条支脉，从西北向东南延伸，成为长江和黄河的分水岭，但距离真正的长江源头还有几百里呢。

新中国成立后，有关部门多次组织力量对江源地区进行勘测。到 1974 年，终于在地图上比较准确地描述了这一地区的山脉和水系。1976 年和 1978 年，又先后两次组织多部门、多学科的江源实地考察，终于探明了长江正源沱沱河，南源当曲，北源楚玛尔河。这正是：

各拉丹冬雪山前的沱沱河

扑朔迷离千年久，
追根求源百代长。
千古之谜一朝解，
长江后浪推前浪。

长江正源沱沱河，发源于唐古拉山主峰各拉丹冬雪山西南侧的冰川。

各拉丹冬是个雪山群，有21座海拔6千米以上的雪山。整个雪山群南北长50千米，东西宽约20千米，终年积雪的面积在600平方千米以上。主峰各拉丹冬雪山，海拔6600多米。

冬天，这里上上下下银装素裹，分外妖娆。夏天，则在山腰上横着一条岩石与冰雪的界线，上下白黑分明，这就是雪线，即人们常说的“白色的死亡线”。

各拉丹冬雪山的冰川

各拉丹冬雪山群，有几十条冰川。这里气候寒冷，雪量充沛。大量的积雪或者一年四季不融化，沉积起来；或者融化了又重新冻结，就形成坚硬的冰川冰。大量的冰川冰汇集起来，由于重量不断加大，于是缓慢向下移动，形成冰川。

在众多的冰川中，各拉丹冬雪山西南侧姜根迪如雪山的冰川长12千米多，宽近两千米，这是长江的最上源。

这里是一个奇特的冰塔林，各种各样的冰塔各具情态：有的像利剑、长矛，“刺破青天锷(è)未残”；有的像亭亭玉立的少女，端庄文静；有的像老态龙钟的老翁，弯腰驼背；有的像白熊、猴子，憨态可掬；有的像城堡，屋舍俨然。

沱沱河长350千米，河面宽的地方有两千多米，窄的只有十多米，深的地方有两米，浅的只有半米。

沱沱河属于冰川源，水量随季节变化很大，最大时可达900个流量，最小时却只有0.1个流量。每年暖季的六至九月，气温升高，冰川融水多了，而且全年的降水量也集中在这时，河水便暴涨，甚至出现洪水。而从10月到第二年的5月，沱沱河就变成了冰河，有趣的是，即使在一天之中，河水也随日照不同而大有变化，上午一跳而过的小河沟，到了中午，就变得水深河宽，只得蹚(tāng)水而过了。

长江南源当曲发源于霞舍日阿巴山。山顶是银白色的积雪，山体呈土黄色。“当曲”是藏语音译，意思是“沼泽河”。这里虽然没有巨大的冰川，降水量却较大，地下水也很丰富，所以，连片的沼泽和泉群随处可见，藏族同胞给江河命名真是名副其实。

长江北源楚玛尔河发源于可可西里山东麓。这里海拔5000多米，地势却较平缓，一条条干涸的沟谷、一片片风积沙丘，广布在山坡和河岸上。湖泊众多，楚玛尔河就从叶鲁苏潮穿湖而过。

没到过江源地区的人，一听那里海拔五六千米，可能以为它终年白雪皑皑，寸草不生呢。其实，生命之光是顽强的。

夏天，在沱沱河的草滩上，同样是迷人的世界：星星点点的湖泊边，开着各种小花，有嫣红的、姹紫的、雪白的、金黄的、粉绿的、碧蓝的。为适应高原的环境，这里的花草都长得矮小，或呈坐垫状，或匍匐地面，以抵御风沙的袭击；茎叶上长满绒毛和小刺，以减少水分蒸发，防寒耐旱；

充分的日照带来强烈的紫外线，使这里的花朵分外鲜艳。矮小、有绒毛和小刺、鲜艳就是高原花卉的三大特点。

藏羚羊通过楚玛尔河

湖面上有成群的水禽在浮游。白鸥、赤麻鸭、黑颈鹤、天鹅，应有尽有。人一到，它们就扑打着翅膀，消失在茫茫的远方。这些候鸟冬去夏来，像是高原的寒暑表。

湖岸是沼泽草甸，不时有野兔、野驴、黄羊奔跑而过。

“生命之树常绿”，高原生机勃勃，等待我们开发。我们可爱的祖国，到处都有美丽的地方！

由三源汇合的通天河长800多千米。两岸是广阔的玉树草原，是长江上游的天然牧场，是珍贵动物白唇鹿的家乡。

过去通天河流域交通闭塞。“走遍天下路，难过通天渡。”那时，通天河还没有架桥，也没有木船，而用晒干的牛皮充满气，扎成牛皮筏。行人驾着轻飘飘的牛皮筏，在河里颠簸，一旦风刮浪起，就有葬身鱼腹的危险。

如今，通天河地区有川藏公路通过，楚玛尔河、沱沱河地区有青藏公路通过，“天堑变通途”。江源地区的开发前景广阔，西藏与内地的交通今非昔比。

玉树文成公主庙

雄伟壮丽的峡谷

长江有很多雄伟壮丽的峡谷。其中最著名的有虎跳峡、长江三峡，还有嘉陵江小三峡，大宁河小三峡等。

要讲虎跳峡，先得讲石鼓和“长江第一弯”。

云南石鼓镇，长江第一弯

由北向南奔腾咆哮的金沙江在云南西北部的石鼓，突然来了个近乎180度的大转弯，向东北流去，形成了奇特的“长江第一弯”。河谷顿时豁然开朗，江流立刻舒缓平和。峡深流急很难找到渡口的金沙江，这才有一个天然渡口，石鼓从而成为历史上有名的小镇。传说三国时期羽扇纶巾的诸葛亮“五月渡泸”，就在这里过渡。如今镇前一个小亭里，还立着一面汉白玉雕成的大石鼓，鼓面直径近两米，光润洁白，传说就是当年诸葛亮竖立的。元世祖忽必烈“革囊渡江”，也是在这里过渡。1936年4月，贺龙率领的红二方面军长征北上，这里又是抢渡金沙江的第一个重要渡口。传说贺龙将军来到这里时，胸有成竹，面对滔滔的金沙江，敲响了沉睡千年的石鼓，一呼百应，成百上千的各族群众闻声拥来，欢迎红军，为红军带路、摆渡。至今还流传这样的民谣：“贺龙敲石鼓，红旗满天舞。天兵飞渡金沙江，笑话当年元世祖。”

金沙江在石鼓一带那么温文尔雅，就好像野马在疾驰中的小憩似的，特意蓄精养锐。一旦奔流45千米，到了玉龙雪山和哈巴雪山之间，进了虎跳峡，就又恢复了野性。

虎跳峡长约16千米。两岸群峰对峙，峭壁高耸。右边的玉龙雪山有十二座雪峰，“一”字排开，头前的主峰，海拔近6千米，终年白雪皑皑，有如昂起的龙头，后面峰峰根接，恰似龙的脊背，“玉龙雪山”因此得名。上顶云天，下临深渊。上有玉柱擎天，下有金川激流，人称“玉壁金川”。有民谣说：“望天一条线，看地一条沟。山鹰飞不过，猴子更发愁。”“上山入云天，下山到河边。两山相对话，握手得一天。”就是虎跳峡的写照。

这一带纬度较低，海拔较高，气候很特殊，随地势变化很明显，是典型的垂直地带性气候。正如当地民谣所说：“一山有四季，十里不同天。”山脚下，春意盎然，柑橘常绿；山坡上，林海苍苍，松涛起伏；再往上，是高山草地，野花竞放；最上面，终年积雪，似老翁白头。

这一带植物群落丰富多样，单单树木就有200多种。珍贵的云杉、冷杉随处可见，是全国有名的林区。这里动物也特别多，不仅有熊、豹子等猛兽,还有麝(shè)、四不像、猞猁(shē lì)等珍奇动物。

滚滚东去的长江,它的雄浑气魄,象征我们民族的精神。沿岸的山川景物,荟萃了我国古老文化的精英。而三峡又是长江风景线上最集中、最奇秀的山水文物画廊。它既以山川的雄伟、奇险、壮丽著称于世,又经满载我们民族的晔(yè)晔文事、赫赫武功、文采风流、智慧才能而享誉人间。

三峡天下壮,请君乘船游。

从山城重庆出发,乘船东行入峡,首先来到夔(kuí)门。只见两岸拔地而起的山峰,陡峭如壁,把滔滔江水逼成一条细带,蜿蜒于深谷之中。两岸夹峙的山峰,其势赫赫,真像一座门似的。这里古称夔州,所以叫夔门。

瞿塘峡又叫夔峡,西起奉节县的白帝城,东到巫山县的大溪镇,全长约 8000 米。它是三峡中最短却又最雄伟险峻的峡段。江面最窄处仅有几十米,而两岸山峰高达 1000～1500 米,峡深水急,狂涛拍岸,山峦绵延,峭壁高耸,构成了雄伟的图画。因此,古人描写这里“峰与天关接,舟从地窟行”,还发出“纵将万管玲珑笔,难写瞿塘两岸山”的赞叹。

长江夔门

瞿塘峡名胜古迹众多，历来使人流连忘返。

瞿塘峡口的奉节，是川东著名古城，早在春秋战国时期就已有设置。这里形势险要，素有“瞿塘天险”、“全蜀咽喉”之称。唐代诗人杜甫在776年游历到这里时，为它的壮丽所吸引，久不离去。飘泊一生的诗人，难得地在这里安闲地度过了两年。他亲自开辟园地，种瓜种菜。现在叫大菜园的地方，相传是他在夔州时的草堂遗址。虽然当年的房舍已荡然无存，遗址也早已面目全非，但人们还是不断前去凭吊，缅怀这位忧国忧民的诗人。他在这里时，文思勃发，一共写了437首诗，是他传留后世的1400多首诗的三分之一。其中最脍炙人口的诗句是：

风急天高猿啸哀，渚清沙白鸟飞回。

无边落木萧萧下，不尽长江滚滚来。

奉节最有名的游览胜地是“白帝城”。从现代眼光看来，这“城”不算城，只是个镇而已。不过，它孤山独峙，江水绕行，气势雄壮，风景秀丽。加上它历史悠久，一些文人墨客都曾驻足于此，因而远近闻名。它始建于西汉末年，当时公孙述占据四川，曾在白帝山上筑城。因为城里有一口井常冒白气，犹如白龙升天。公孙述故弄玄虚，借口“白龙出井”是他成龙称帝的征兆，自称“白帝”。他死后，有人为他建造了“白帝庙”。这庙坐落在白帝山顶的绿色丛林中，从山脚要登上千级石阶才到庙门。走进“明良殿”，可见刘备、诸葛亮、关羽、张飞等人的塑像。庙里珍藏74块石碑，其中有一块叫“凤凰碑”，上刻鸟中之王的凤凰、树中之王的梧桐、花中之王的牡丹，刻工精细，栩栩如生，人称“三王碑”。唐宋以来，著名诗人李白、杜甫、刘禹锡、陆游、范成大、苏轼等都来过白帝城，留下很多诗篇，因此白帝城有“诗城”之称。

瞿塘迤逦尽，巫峡峥嵘起。

长江冲出瞿塘，过了大宁河谷，就进入巫峡。巫峡地处川鄂交界，西起四川巫山县大宁河口，东至湖北巴东县官渡口，全长45千米。

巫峡以幽深秀丽著称，人称“山水画廊”。它峡长峪深，迂回曲折，时

奉节白帝庙

巫山云雨

而苍岸相逼，“面临山高去无路”，忽而别有江天，“峰回路转又相通”。云牵雾绕，变幻莫测。唐代诗人元稹有两句诗最妙：“曾经沧海难为水，除却巫山不是云。”意思是说：见过无边大海，便难以被一般的江河所吸引；看过巫山变幻无穷的烟云，便不把一般的云彩放在眼里，简直不把它们当云彩看。是的，那飘浮在巫山十二峰上的白色气体，似烟非烟，似云非云，神秘莫测，时隐时现，让人浮想联翩，叹为观止。

放舟下巫峡，心在十二峰。

气势峥嵘、各具情态的巫山十二峰最为引人入胜。一座山峰，一番风景，一段传说。其中神女峰最为俏丽，恰似一个神女兀立山上，峰下有神女庙。曾任夔州刺史的唐代诗人刘禹锡有首诗题为《巫山神女庙》，诗中写道：

巫山十二郁苍苍，片石亭亭乎女郎。

晓雾乍开疑卷幔，山花欲谢似残妆。

意思是说：巫山十二峰郁郁苍苍，巨石耸立飘然像一位女郎。云雾初散好似拉开纱帐，山花凋谢如同脱去艳妆。

迷雾中的神女峰

关于大禹开通三峡的传说，宋代诗人范成大在《初入巫峡》中也提到了。全诗是：

钻火巴东岸，摐(chuāng)金峡口船。

束江崖欲合，漱石水多漩。

卓午三竿日，中间一罅天。

伟哉神禹迹，疏凿此山川。

诗中描写三峡水深流急，行船时船夫拼命敲锣击鼓，以壮胆助力。两岸高崖合拢过来，好像要把江水拴住一样。江水冲刷崖岸，漩涡无数。时到中午，峡谷里才见到一缕阳光。这种情景，南北朝地理学家郦道元在《水经注》中也有描述：

“自三峡七百里中，两岸连山，略无阙处。重岩叠嶂，隐天蔽日，自非亭午夜分，不见曦月。”

出了巫峡，就是香溪河谷。这一带是出名人的地方。我国文学史上第一位爱国诗人屈原、西汉才女王昭君都诞生在这里。北宋名将寇准，初出茅庐，第一个官职就是巴东县令。

屈原故里在秭(zǐ)归县乐平里。传说当年屈原受到谗言，被流放，他的姐姐特意回来看望。因此，后人把这里称为“秭归”，就是“姊归”的谐音。

出了香溪河口，直到宜昌南津关，是西陵峡。全长有 66 千米。只是它并不连贯，实际峡长还比不上巫峡。

“西陵滩如竹叶稠，滩滩都是鬼见愁”，这里以滩多流急著称。最险的大滩有两处：新滩(又叫青滩)和崆岭滩。“触礁船破碎，满江尸浮流”。不过，现在暗礁已经炸掉，你可以放心地乘船来三峡旅游。

至于嘉陵江小三峡、大宁河小三峡，人称不似三峡，胜似三峡，“养在深闺人未识”。既然如此，那就请你将来有机会时去寻幽探胜吧。

碧波荡漾的湖泊

从江源地区，到长江三角洲，都有众多的湖泊。最著名的就有泸沽湖、滇池、洞庭湖、洪湖、武汉东湖、鄱阳湖、巢湖、太湖……如果把长江比作一条长长的玉带，那么这众多的湖泊，就是镶嵌在玉带上的大大小小的宝石。由西往东数，第一块大宝石就要算洞庭湖了。

湖光秋月两相和，潭面无风镜未磨。

遥望洞庭山水色，白银盘里一青螺。

这是唐代诗人刘禹锡的《望洞庭》诗。意思是说：湖光和月色交映融和，湖面风平浪静，如同明镜未磨。遥望洞庭湖山青水碧，那青翠秀丽的君山，宛如银盘里的一个青螺。

无独有偶。唐代诗人孟浩然也有《望洞庭湖赠张丞相》诗，同样写出了洞庭湖的汪洋浩阔、雄浑磅礴。开头四句是：

八月湖水平，涵虚混太清。

气蒸云梦泽，波撼岳阳城。

意思是说：八月的洞庭湖水宽阔与岸持平，碧波万里水天相映难以分清。水气蒸腾烟雾弥漫云梦两岸，波涛滚滚摇撼震荡着岳阳古城。

洞庭湖水势为什么这么大呢？这是因为它位于荆江南岸，南面和西面有湘江、资水、沅江、澧水等“四水”汇入，北有松滋、太平、藕池、调弦等“四口”与长江相通。湖水最后在岳阳市城陵矶注入长江。这就是范仲淹存《岳阳楼记》里所说的“北通巫峡，南极潇湘”。这样，洞庭湖每年经“四水”、“四口”和城陵矶吞吐的水量，将近3000亿立方米。长江每年五到十月是汛期，不是“四水”猛涨，就是“四口”水量骤增，或者同时暴涨。幸好洞庭湖湖宽肚大，可以“容纳四水，吞吐长江”，叫奔腾不羁犹如烈马的洪水驯服。要不然，长江中下游一带不知要遭多大殃呢。洞庭湖是大自然造就的天然的调节阀，化洪害为水利，可谓德莫大焉，功莫大焉！

历史上的洞庭湖很大。清代《一统志》记载：“洞庭湖横亘八百里，日月若出没其中。水涨则长江亦与湖相通，然江北之荆州、安陆、德安等郡，水所到处，皆属洞庭湖。”看来历史上的洞庭湖曾地跨两省，“湖南”、“湖北”也是以洞庭湖定名的。后来，几经沧桑，湖面缩小，1900年还是5000多平方千米，现在只有2800平方千米，已小于鄱阳湖，是我国的第二大淡水湖。

和历史上比是小了，但湖区的总面积仍有18000平方千米，滨湖有常

岳阳楼前的洞庭湖

德、益阳、岳阳等十多个县市，与湖北省邻接。

洞庭湖平原是湖南这个产粮省有名的鱼米之乡，是“粮仓中的粮仓”，粮食产量可占全省的五分之一左右。每年至少可有100万担各种鲜鱼上市，而且都是以鲤鱼为主的淡水鱼。湘莲、茶叶也是这里的特产，量大质优，在国内外享有盛名。

洞庭湖中的荷花与渔船

洞庭天下水，岳阳天下楼。

如果你有机会到洞庭湖旅游，当然少了不要登岳阳楼。岳阳楼在岳阳市西门旧城上，是我国江南三大名楼之一。

岳阳楼的前身，是三国时东吴鲁肃操练水兵的阅兵台。据《巴陵县志》记载，东汉建安十五年(210 年)，周瑜死了，孙权派鲁肃领兵镇守巴陵，筑台操练水师。这里湖面辽阔，风平浪静，湖岸上又恰好有个土丘，确实是练兵阅兵的好地方。唐代开元四年(716 年)，中书令张说谪守巴陵，在阅兵台原址建造了一座三层、六方、斗拱飞檐的楼阁，因其地处天岳山之南，就叫岳阳楼。现在的岳阳楼，是清代同治六年(1867 年)重修的。楼有三层，飞檐蓝顶，纯木结构。

岳阳楼

一楼，陈列着历代名人登楼所题的诗和对联。“楼观岳阳尽，川迥洞庭开。”这是李白的名句；“昔闻洞庭水，今上岳阳楼。吴楚东南坼(chè)，乾坤日夜浮。”(后两句意思是：吴国在东，楚地在南，洞庭湖天然地把它们分开。从岳阳楼望去，看到的只是洞庭湖汹涌无际的波涛，让人感到宇宙中的一切似乎都浮在水面上)这是杜甫《登岳阳楼》中的描述；“春岸绿时连云梦，碧波红处见长安。”这是白居易的诗。岳阳楼历来是文人墨客排忧解愤之地，题诗自然很多，仅唐人的就有168首。对联也很多，有长有短，最长的102字，最短的才八个字。短联相传为李白所书：“水天一色；风月无边。”其中有一副对联气魄很大：“八百里洞庭今入眼，五千年历史再从头。”寥寥十六个字，括山河而贯古今，开创未来的雄心跃然纸上。可惜没有署名，只知道是20世纪20年代题的，有人推测它可能出自我党一位革命家之手。

二楼，正中是清代书法家张照抄录宋代范仲淹《岳阳楼记》真迹的大型雕屏。

范仲淹是苏州人，两岁就死了父亲，母亲改嫁。等到长大了，他就离开母亲，到学舍苦学，史书说他“五年未曾解衣就寝”，晚上读累了，就用凉水浇浇脸，善于写诗和散文。《岳阳楼记》是他应岳州知州滕子京之约写的。范仲淹没到过洞庭湖，《岳阳楼记》是他听了滕子京的描述后写的。这是有关岳阳楼的文章中最有名的一篇，说：“予观夫巴陵胜状，在洞庭一湖。衔远山，吞长江，浩浩汤(shāng)汤，横无际涯，朝晖夕阴，气象万千，此则岳阳楼之大观也。”写得言简意深，气势磅礴。后面借景抒情，“不以物喜，不以己悲(不因为客观条件的优越而得意忘形，也不因为自己的艰难而垂头丧气)”，“先天下之忧而忧，后天下之乐而乐”更是千古传诵！

三楼是迁客骚人饮酒赋诗的地方，环境幽静，视野开阔。游人到此，眺望洞庭，一碧万顷。鸟瞰岳阳，紫气腾空。美景佳境，尽收眼底。

帝子潇湘去不还，空余秋草洞庭间。
淡扫明湖开玉镜，丹青画出是君山。

这是李白的诗句，他把君山看成是画出来的。君山，原叫洞庭山，是洞庭湖中的小岛。从岳阳市乘船，一个多小时就到了。在八百里洞庭，君山算得上小巧玲珑，林木葱翠。《山海经》记载：“洞庭之山，帝之二女居之。”相传在四千多年前，舜帝南巡，死于苍梧(今湖南九嶷山)。他的两个妃子，一个叫娥皇，一个叫女英，闻讯赶到君山，水漫路断，欲达不能，招魂无处，就扶竹痛哭，泪尽涕血，肝肠寸断，眼泪滴在竹子上，斑斑点点，成了斑竹。这就是君山斑竹的来历。毛泽东《答友人》中写的"九嶷山上白云飞，帝子乘风下翠微。斑竹一枝千滴泪，红霞万朵百重衣"依据的就是这个传说。

君山上有舜帝二妃墓。墓前有一副对联："君妃二魄芳千古，山竹诸斑泪一人。"上下联的第一个字连读，就是"君山"。

山上还有南宋初年洞庭湖地区农民起义领袖钟相、杨么留下的军师洞、点将台、万人锅、"飞来钟"。其中"飞来钟"钟高两米，直径 1 米，有两吨重。相传当年滨湖人民铸造了这口钟，在夜间悄悄运来，放下就走，对谁也没说。天亮以后，起义军看见了，心知其意，叫它"飞来钟"。

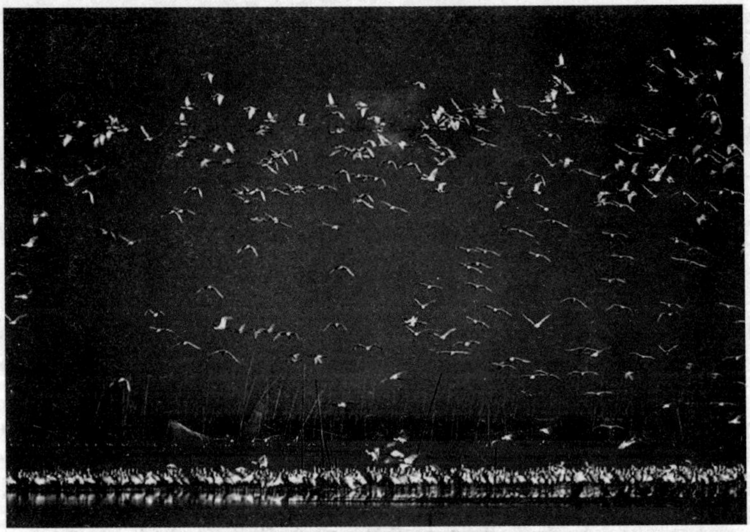

君山上栖息的鸟

君山不仅山青湖秀，而且以盛产"君山银针"茶叶闻名中外。君山面积 0.94 平方千米，茶园就占了三分之一。这茶茶芽茁壮，长短均匀，芽身金黄。刚冲泡时，茶浮在上部，这叫"刀枪林立"。1 分钟后，银针上下起落，这"游鱼戏水，仙女下凡。"再过片刻，银针尽竖杯底，这叫"雨后春笋"。喝来气味甘芬，齿舌留香。在清代，这种茶是专供朝廷的"贡茶"，每年只能进贡18斤。如今有了君山茶场，“君山银针”已进入寻常百姓家，远到莱比锡国际博览会。

洞庭湖东南岸有一座汨罗城。城外的汨罗江，是屈原报国无门、怀沙自沉的地方。千百年来，这里的老幼妇孺都知道屈原、敬仰屈原。每年端午节，包粽子、划龙舟，都源于对屈原的纪念。

这里的地名，有的就是屈原《九歌》里的篇章，如湘君山、司命垅、国殇坪等。这里有个玉笥山，相传是屈原流放时经过的地方，《九歌》就是在这里写的。早在汉代就在山上修了屈子祠。现在的屈子祠，是清代乾隆年间重修的。在玉笥山东北5000米的烈士岭上，还有屈原墓。

长江中游流经低洼地带，“水乡”处处，湖泊众多。湖北省是我国湖泊最多的省份。

东湖，是武汉市最有名的风景区。因在武昌东郊，就称东湖。整个风景区面积87平方千米，其中湖水面积约33平方千米，是杭州西湖的五倍多。

东湖这么大，是怎么形成的呢？原来它是一个敞水湖。它濒临长江，经青山港与长江相通，在江湖之间，有一道河泥淤积成的自然堤防。堤内靠湖这一片，原是凹地。每当长江汛期，水位高于地面，凹地里的积水无法外泄，天长日久，水面逐渐扩大，以至形成现在的东湖。它早先是受长江水位涨落所制约的天然湖。现在，由于青山港武丰闸建成，才变成了人工控制的内陆湖。

论历史，东湖是最年轻的。40多年前，这里还是荒野。共和国成立后，先后修建沿湖干道4万多米。修建亭台楼阁70多处，植树250多种、200多万棵。这里的梅林约有100亩，有70多个品种，是我国主要的赏梅胜地之一。

东湖盛产淡水鱼，其中以武昌鱼最为名贵。武昌鱼是鳊鱼的一种，鱼体偏扁，头小而尖，鳞较细，是鄂城县梁子湖的特产，古时鄂城叫武昌（而今武昌称江夏），所以称武昌鱼。有人以为武昌鱼以现在的武昌命名，实在是一种误解。三国时，吴王孙皓想从建业（今南京）迁都到鄂城，陆凯上书反对迁都，引用了当时的民谣："宁饮建业水，不食武昌鱼。"毛泽东在《水调歌头·游泳》中也有"才饮长沙水，又食武昌鱼"之句，可见武昌鱼是名贵的鱼种。

东湖风景区有 6 个游览区：听涛区、磨山区、落雁区、白马区、吹笛区和珞洪区。

观赏东湖风景最理想的去处是听涛区的行吟阁，这是为纪念屈原而建造的，气势宏伟。凭栏而立，近处碧波荡漾，游鱼戏水。远处游船点点，对岸绿树成荫，令人赏心悦目。

珞洪区有珞珈山和洪山。珞珈山原来叫落驾山，相传春秋战国时，楚王曾在这里落驾停留，所以叫落驾山。1928 年，武汉大学在这山上建校，改名为珞珈山。这山是东湖南岸的最高峰。峰顶有瞭望塔。登塔瞭望，武汉三镇，尽收眼底。洪山在珞珈山西边，山麓有座宝通寺。寺庙依山而建，里面有一个大铁钟，叫"万斤钟"，是 700 多年前南宋时铸造的。

从洪山北行，便是水果湖。湖东岸是放鹰台，高出湖面三丈，面积约十亩。李白爱鹰，这大概和他"弃燕雀之小志，慕鸿鹄以高翔"的性格有关。他来武昌时，曾在此放鹰。写有《观放白鹰》诗二首。其中一首写道：

寒冬十二月，苍鹰八九毛。
寄言燕雀莫相悼，自有云霄万里高。

诗中赞颂了苍鹰的凌云气概，寄托了诗人的壮志豪情。

由此看来，东湖开辟为风景区虽历时未久，但名胜众多，环境优雅，怪不得国务院公布的第一批国家重点风景名胜区 44 处，其中就有东湖。

我国有五大淡水湖，其中鄱阳湖、洞庭湖、太湖和巢湖都镶嵌在长江边上，只有江苏的洪泽湖（位居第四）离它稍远。

鄱阳湖面积是 3500 多平方千米，已取代洞庭湖，成为我国第一大淡水湖。这是为什么呢？因为河水有旺盛的堆积作用。长江虽不像黄河那样浊流滚滚，泥沙俱下。但日积月累，泥沙量还是可观的。特别是上游洪水暴发时，泥沙就更多。流到平缓的宽阔地带，泥沙就淤积下来。洞庭湖北接长江，南纳湘江、资水，西汇沅江、澧水，泥沙堆积，势不可当。加上湖区围垦的影响，湖面逐渐缩小，以至20世纪90年代，小了2200平方千米，几乎是原来的一半。而鄱阳湖就不同了。它没有长江泥沙的直接淤积，只有赣江、抚水、信江、修水等的泥沙淤泥，所以湖面缩小较慢。

水天一色的鄱阳湖

鄱阳湖烟波浩淼，水天一色。这哪里是湖，简直是一片汪洋大海。是调节长江洪水的天然水库。沿湖一带，是江西著名的“鱼米之乡”，也是一个著名风景区，有落星石、大孤山等胜景。湖西北岸是人间“凉岛”庐山。湖北面与长江汇合的地方，有两座耸立江边的山峰，就是上、下石钟山，而以下石钟山更有名。它形似巨钟覆盖，山上怪石林立，江边石洞很多。微风鼓浪，水石相击，能发出洪钟一样的声响。当年苏轼路过湖口，月夜泛舟，畅游一番，写下了脍炙人口的《石钟山记》。

太湖在江苏省南部，西南岸与浙江省紧接。面积为2400多平方千米，号称36000千顷。在我国五大淡水湖中，它离海最近，海拔仅三米。

它是我国著名的风景区。从湖东南三面环湖的洞庭东山，往北直到烟波浩淼、气势雄伟的鼋(yuán)头渚，湖山宛如一条起伏的翠龙，怀抱着太湖。举目看去，万顷湖水银光闪闪，碧波如镜，山岳如卧，郁郁苍苍，犹如一幅彩色的天然画卷。

太湖一带地势低洼，河道交织，湖荡纵横。每平方千米的土地上，河道总长可达五六千米，每隔一二百米就有一条河流，真是密如蛛网，开门见河，素有“水乡泽国”之称。

太湖里面有大大小小的岛屿共48个，连同沿湖的半岛和山峰，号称七十二峰。大的方圆几千米，小的不足一千米。地上有湖，湖中有岛，岛上有山，湖光山色，相映成趣，这是太湖风景的一种特色。

太湖水草丰美，湖底平坦，水位稳定，适合鱼类生长繁殖，是我国著名的淡水水产基地。湖里有青、草、鲢、鳙、鳊、鲤、鲫等三十多种鱼，还有螺、蚌、蟹、虾。银鱼是太湖定居性鱼种，晶莹如玉，肉质洁白细腻，没有骨刺，没有腥味，是席上佳品。

“太湖佳绝处，毕竟在鼋头。”这是郭沫若吟咏太湖的诗句。鼋头渚是伸向湖中三面临水的半岛，很像一个鼋鱼(鼋，又叫甲鱼或团鱼)的头。当你来到这里时，近有绿波荡漾，风帆点点，远有烟波浩淼，水天一色。既使人感到有如大海般的辽远壮阔，又能领略山清水秀的江南风光。

在这里你可以欣赏“鼋渚涛声”。在风平浪静的时候，微波涟漪，涛声轻缓流畅，和谐而有节奏，好像暖流融融，令人感到暖入心田。在变天的时候，则狂风怒号，波浪翻涌，轰然有声，好像万马奔腾。

“登澜堂”是鼋头渚的又一胜景。传说秦始皇南巡会稽时，骑了一匹神马，路过太湖，踏浪来到西青嘴山一个大石头旁，突然看见一条青龙跃出水面，神马一惊，便在岩石上踏下了四个脚印。这石头依山傍水，下面还有孔，很像一座桥，所以叫马迹桥。马迹山也由此得名。现在这四个马迹尚在，太湖水涨时，后两穴没入水中。天旱水浅，四穴清晰可见。传说秦始皇到了马迹山后，又骑神马登山看日出，不小心，脚上一只鞋掉在山顶上了。从此这座山头就叫秦履峰。

苏州的小桥流水人家

太湖东边是著名水城苏州。城外湖荡星罗棋布，河道四通八达，城内也水巷交错。宋代时城内河道长达 80 多千米，现在还有 30 多千米，有的地区真是“家家临水，处处小桥”。所以古人说苏州“家家门外泊舟船”，“人家尽枕河”倒是恰如其分。现代人则说苏州是“东方的威尼斯”。苏州园林很多，早先曾有二百多处园林，近代有迹可循的还有上百处，所以人称“江南园林甲天下，苏州园林甲江南”。

“上有天堂，下有苏杭”。太湖风景名胜难以尽述，请你自己亲自去领略一番吧！

美不胜收的名山

长江流域山峦起伏，游览胜地很多。其中最著名的有峨眉山、凌云山、青城山、衡山、武陵源、神农架、武当山、庐山、井冈山、天柱山、九华山、黄山、莫干山……

“蜀国多仙山，峨眉邈难匹”。这是李白吟咏峨眉山的诗句。这位浪漫主义诗人，乐于游山历水，游踪几乎遍布半个中国。他最先游历的，就是峨眉山和青城山。

为什么叫峨眉山？据《峨眉县志》记载，峨眉山“云鬟凝翠，鬒（zhěn）黛遥妆，如螓（qín）首峨眉，细而长，美而艳”。意思是说，峨眉山好像妇女环形的发髻翠色欲滴，又像头发浓黑的妇女远远地在打扮。像蝉头，又像女子修长而美丽的眉毛。“峨眉”就是女子修长而美丽的眉毛的意思。

峨眉山地处四川省乐山市。乐山古名嘉州，是岷江、大渡河、青衣江汇合的地方。宋人邵博说过：“天下山水之胜在蜀，蜀之胜曰嘉州。”这里有三江交汇，有连绵起伏、冬夏常青的丘陵，有“峨眉天下秀”和“凌云天下奇”。

峨眉山由大峨山、二峨山、三峨山和四峨山组成。人们常说的“峨眉山”是指佛寺如林的大峨山。

早在2世纪的东汉时期，峨眉山上就开始建造寺院。到了李白前往游历时，已是香火旺盛了。所以李白说：“蜀国多仙山。”从唐代起，峨眉山就跟山西五台山、安徽九华山、浙江普陀山并称为我国佛教的四大名山。梵宇琳宫遍布全山，三里一刹，五里一庙，庙宇最多时达150多座。寺庙大多建筑在居高临下、气势雄伟、风景秀丽的山上。峨眉山佛寺如林的原因，正在于它的高峻和秀美。峨眉山主峰万佛顶，海拔3099米，高出山下地面2500米。每当丽日当空，在百里之外就可以仰见峨眉山高插云天，巍然耸立，气势磅礴。难怪李白赞叹“峨眉高出西极天”。

现在的峨眉山，佛寺只剩下二三十处了。其中报国寺、伏虎寺、万年寺、清音阁和洪椿坪五大寺院最有名。

报国寺在峨眉山脚，是峨眉山的山门，规模为五大寺院之首。它有四重大殿，一重更比一重高，器宇轩昂。殿中的大佛像，光辉夺目。寺内有明代永乐年间烧制的大瓷佛，塑造精美，光彩照人，有2.4米高，是少有的艺术珍品。还有一座“华严塔”，有6米高，分14层，全部用铜铸造，铸有大小佛像4700多尊，并刻有《华严经》的经文，是我国古代铸造工艺中的杰作。

峨眉山报国寺

伏虎寺有一个奇景:庙宇掩映在绿林翠竹之中,屋瓦上却从来不积一片落叶,好像有什么神力似的,使人感到神奇。这神就是大自然,群山环抱所形成的气流,把落叶吹走了。

清音阁是观溪听水的佳处。寺宇小巧,布局紧凑,流云飞阁,幽深雅致。两条小溪从旁穿过,溪水激越,潺潺作响,水击巨石,溅珠飞玉,别有一番情趣。

万年寺在半山腰上。在明代建造的砖殿里,有一尊青铜铸像,通高7.35 米,重 62 吨,铸的是普贤菩萨骑着六牙白象。普贤看来雍容端庄,安详自若。白象眼神炯炯,躯体健壮,栩栩如生。造型之优美、技艺之精湛,实在令人叫绝。在一千多年前,这样沉重的铜像是怎样浇铸的呢?记载其说不一,有的说是就地浇铸的,有的说是在成都分部铸造,然后运到山上焊接的。无论如何,都说明我们的祖先在冶炼、铸造技术上已达到相当高的水平。

峨眉山金顶

万年寺前有明月池，池水终年不干，池里有一群青蛙。蛙鸣之声，如铮铮琴音，人称“弹琴蛙”。提起这种青蛙，这里流传着一个故事。相传有个广濬和尚，善琴，经常在池边弹琴，时间长了，池中的青蛙也学会了琴声。诗人李白慕名而来，明月池就成了广浚和李白弹琴作诗之处。“蜀僧抱绿绮，西下峨眉峰。为我一挥手，如听万壑松。客心洗流水，馀音入霜钟。不觉碧山暮，秋云暗几重。”据说，李白这首《听蜀僧濬弹琴》就是在这里写的。宋代诗人范成大游历这里时，为峨眉山的高峻奇秀赞叹不已，“大峨两山相对开，小峨迤逦中峨来。三峨之秀甲天下，何须涉海寻蓬莱。”他听过弹琴蛙的鸣声，宛转如琴，非常悦耳。明末清初，有个文人叫胡世安，他来过这里，在游记中写道：“池中有蛙，游人鼓掌，则一蛙先鸣，群蛙次第相和。将终，则一蛙大鸣，群蛙顿止，宛如一部鼓吹。”如今，这部“鼓吹”失传了，但蛙声依旧节奏鲜明，堪称“峨眉绝唱”。

要游峨眉山，就得登金顶。为什么叫金顶？四百多年前，这里建造

峨眉山佛光

了华藏寺，是峨眉山最高处的建筑物。屋顶盖的是铜瓦，在阳光下金光闪闪，因此叫金顶。不过，我们现在已看不到这“至高无上”的殿宇，它早毁于大火了，只剩下断壁残垣。在这里，如遇天公作美，可以观赏云海、日出，有时甚至见到“佛光”和“佛灯”。

什么叫“佛光”？如果你来时正是雨过天晴，当你站在摄身崖上时，可以看到一种圆形彩虹，连你的身影也模模糊糊映现在光环中，光彩还随人而动呢。古人把这种现象叫“佛光”或“宝光”。这种现象和这里总是云飞飞、雾漫漫、“山中本无雨，不觉湿衣裳”，以及特殊的地形有关，是一种光的折射现象。如果发生在别处，人们并不以为有多神奇，只是发生在这佛教圣地上，人们当然会浮想联翩了。

入夜时，或许可看到山下灯光浮游，时而腾空而起，时而坠地而灭。古人曾写诗描述这种现象：“睹光深夜此凭空，阴壑秋磷数点红。明灭随风何所似，两三星影落云中。”这就是所谓“佛灯”——空气中游离的磷在发光。

凌云山在乐山市东面，岷江东岸，与西边的峨眉山相对。这里古树参天，翠竹蔽日，一片青葱。古刹梵宫，掩映在绿荫深处。大渡河、青衣江和岷江，三水合流，水色各异，从凌云大佛脚下流过，奔腾不息，蔚为壮观。

凌云大佛，也称乐山大佛。据《乐山县志》记载，唐代开元元年(713年)，凌云寺有个和尚，看到三江水急，经常泛滥，吞舟没人，就决心四处化缘，凿个大佛，以镇江水。大佛还未凿成，这位和尚就去世了；他的几个弟子继承他的遗志，继续凿佛。呕心沥血，前后经历了90年，终于在唐代贞元十九年(803年)凿成。

这尊佛像依山凿成，头齐山顶，脚踏江边。远看是山，近看是佛，大有“山是一尊佛，佛是一座山”的气概。佛高71米，肩宽24米，头长14米多，耳朵长7米。1975年修补大佛右手中指时，一次就用去了5000多块砖。如果想量量脚趾的宽度，两手平举还摸不着一趾的两端，一根头发丝的直径就有一尺三寸。据说世界上原有两座最大的石佛，另一座在印度，一座就是凌云大佛。自从印度卧佛崩塌后，凌云大佛就成为世界上现存的第一大佛了。这座弥勒佛，正襟危坐，两眼微闭，双手抚膝，就像在凝视江水，守护着这座宝山。

乐山大佛

青城山并没有城，却偏偏叫青城。因为这里山峰的排列别具一格，不是通常那样“一”字排开，而是围成环形，很像一座绿色的城垣，于是取了这个似城非城的名字。

它在四川省灌县西南15千米处，在长江支流岷江上。是我国著名的

青城山

道教圣地，有“第五洞天”之称。有36峰、8大洞、72小洞，峰青洞奇，格外清幽。因此有“青城天下幽”的美誉。

青城山的主要建筑，有上清宫、天师洞、建福宫等。相传多建于道教兴盛的晋代，而由明清两代重修。在这些古建筑群里，楹联数以百计，最长的近四百字，最短的只有几个字，从不同角度，表现了青城山的诗情画意。山门上有一对联道：“收百八景于目前，数山水林峦，万叠芙蓉于薄雾；登州六峰之顶上，看画图烟雨，半天楼阁自凌云。”确实如此，登山远眺，一马平川的成都平原、滚滚而下的岷江、庞大的都江堰水网，历历在目。近处则群峰屏立，满“城”云烟，使人顿生远离尘世、宠辱皆忘、飘飘欲仙之感。

庐山，又叫匡山，或匡庐。传说殷周时代，有匡氏七兄弟，结伴上山，在这里隐居修道，以草庐为房舍，因此把这座山叫庐山，或匡庐。

它在江西省北部九江市东南方，北望长江，东傍鄱阳湖。山宽10千米，长约25千米，面积约300平方千米，最高峰高1474米。

山上有花径湖。虽是个人工湖，面积却有10万多平方米，蓄水120多万立方米，和山下的鄱阳湖比是不起眼，但在这山上有这片碧波，却也相映成趣。

湖边有花径，相传为唐代诗人白居易咏桃花之处。至今花径中还有一座亭，亭里有一块巨石洞，上刻“花径”两字，相传是白居易的手书。诗人在被贬当江州司马时，心情郁闷，游遍了庐山，以庐山为题的诗作，就有七十多首。有一次，初夏四月，白居易来到庐山大林寺，在一条幽静的小径上，看到一片桃花怒放，而此时山下桃花早已凋谢了，这使他惊喜万分，写下了《大林寺桃花》一首：“人间四月芳菲尽，山寺桃花始盛开。长恨春归无觅处，不知转入此中来。”特别是后两句由物及理，蕴藉丰富，余味无穷。

仙人洞是庐山的又一景点。这里岩石参差，就像手指伸出似的，因此又叫佛手岩。据说八仙之一的吕洞宾在此修道成仙，所以叫仙人洞。洞有十多米深，可容纳百人。洞里有“一滴泉”，终年滴水不止，水质清凉甘洌，人称“洞天玉液”。

庐山瀑布

庐山最适合登高远眺的景点是含鄱口。在这里眺望，湖天奇景，可以一览无余。

在牯岭东南，有五峰耸立，好像五位老人并肩站立，就叫五老峰。有一股从大月山涌出的泉水，流经这里的山脊，倾注到九叠谷，两次飞泻到大盘石上，折而复聚，形成三叠，就叫三叠泉。这泉水在将近百米之内，越过三个台阶，形成一股强大的瀑流，从山崖处凌空飞泻，真是雄伟壮阔的水帘！有人形容它“飘者如雪，断者如雾，缀者如旒(liú)，挂者如帘”。又有人说“泉流在第一级上，如飘雪拖练，是那样的潇洒多姿；泉流在第二级上，如碎玉摧冰，是那样的飞腾激扬；泉流在第三级上，如玉龙走潭，是那样的神速离奇”！怪不得古人称它为“匡庐第一雄观”。

横看成岭侧成峰，远近高低各不同。

不识庐山真面目，只缘身在此山中。

苏轼这首《题西林壁》历来为人们所传诵，以至“不识庐山真面目”或“庐山真面”成为凝固的成语。为什么不识庐山真面目？因为庐山雾多，而且变化无穷。据统计，一年之内，庐山有雾天可达190天，平均不到两天就有一个雾天。有时薄雾似轻纱曼舞，若隐若现，有时似大海扬波，汹涌奔腾。

庐山的最高峰是大汉阳峰。峰前有个峭壁叫禹王崖，相传大禹治水时，曾到这里察看长江的水势。西汉史学家司马迁，也曾到过这里。

九华山位于安徽省南部青阳县境内。唐代天宝年间，李白游历到这里，写下了“妙有分二气，灵山开九华”、“天河挂绿水，秀出九芙蓉”的诗句，这山就改名九华山。

九华山素有“东南第一山”的美誉，方圆120千米，南与黄山邻近，北

九华山天台寺

与长江相望。有 99 峰，其中 9 大主峰以天台、莲华、天柱、中王等峰最为雄伟，这就是李白所形容的“九芙蓉”。

在龙峡谷，青山环绕着上万亩竹林，当地人称“闵园竹海”。竹林成海，郁郁葱葱，蔚为壮观。

在闵园上面，一棵硕大无比的千年古松如巨大的凤凰傲然挺立，树冠婆娑(suō)，这就是著名的“天下第一松”——凤凰松。

“天下名山僧占多”。九华山是我国佛教四大名山之一。“九华一千寺，撒在云雾中”。在我国佛教鼎盛的明清两代，这里的寺庙有 200 多座，现在仍有古刹 78 座。其中规模最大的寺庙有四座——甘露寺、东岩寺、万年寺和祇(zhī)园，号称“九华四大丛林。”

黄山云海

黄山在安徽省南部。原来叫黟(yī)山，到了唐代，有一本书记载了一个神话故事，说轩辕黄帝曾在此山中修身炼丹，崇尚道教的唐玄宗就下令把这座山改名为黄山。

对黄山美丽的风光，明代人有一副对联可谓绝妙：“岂有此理，说也不信；真正妙绝，到此方知。”黄山的“妙绝”，不在世人赋予的古幽之胜，而在自然景物之奇。云海、怪石、奇松、温泉，就是黄山的“四绝”。

黄山在一年里面，竟有200多天是沉浸在云雾的怀抱里。徐霞客说这里“山高风巨，雾气来去无定。下盼诸峰，时出（露出）为碧峤（qiáo），时没为银海”。那白色的云雾像海洋上翻腾的浪涛，时而向东，时而往西，时而上涌，时而下落，时而汹涌澎湃，时而温柔平静，千姿百态，气象万千。这飘舞的云雾，使黄山表现出静中有动的美感。当你登山旅游，就是在薄薄的、洁白柔美的云层中穿行，好像置身在缥缈的仙境似的。当你居高临下，眼下云铺深壑，絮掩危岩，汪洋浩瀚，横无际涯。如果你在这里留个影，别人说不定以为你是面向大海远眺呢！

黄山的石头各具情态，像人的、像物的、像飞禽的、像走兽的，什么都有。在天都峰上，有一块巨石，长百米，宽一米，上面寸草不生，光滑难行，两侧是万丈深渊，奇险无比，人称“鲫鱼背”。在北海散花坞有一块巨石柱，像一支倒插的毛笔，“笔端”有一奇松，枝干盘旋曲折，像一簇鲜花，这就是“梦笔生花”。在耕云峰上，有一块巧石，形状很像一只小松鼠，面对着天都峰，好像要跃过深涧，登上峰顶似的，人称“松鼠跳天都”。此外，还有“五老上天都”“姐妹牧羊”“猪八戒吃西瓜”“八仙飘海”“双猫扑鼠”等等。

黄山“无峰不石，无石不松，无松不奇”。黄山松名闻天下，独具一格。生长在海拔800米以上的山上，耐低温，喜潮湿，抗风暴。针叶粗短，稠密，顶平如削，干曲枝虬（qiú），苍翠异常。

举世闻名的迎客松，是棵千年老松。它高大苍劲，屹立在文殊洞顶，伸出长长的枝丫，像一位好客的主人，伸出手臂在欢迎远方的客人。除了迎客松，还有陪客松、望客松、接引松、送客松、又有麒麟松、黑虎松、凤凰松……

黄山的泉水温柔多姿，能健身治病。据记载，唐朝大历年间歙（shè）州刺史薛邕（yōng）在这里修建了温泉浴室，病人不分轻重，凡入浴者，都有不同程度的疗效。现在，这里每天接待几百人到温泉沐浴。

黄山兼有泰山之雄伟、华山之峻峭、峨眉之清凉、衡山之云烟、庐山之飞瀑、雁荡之巧石，无愧于“天下第一名山”之称。

莫干山在浙江省德清县西北，离杭州有60多千米，是天目山的支脉。传说春秋时代，吴王阖闾派铸造工匠干将和妻子莫邪在这里铸造一对雌雄宝剑。炉火烧得很旺了，铁石却不见熔化。莫邪听说必须有个女子身殉炉神才能炼成，就纵身跳进炉中。铁石立刻熔化，终于铸成了一对锐利的宝剑。后来，人们为纪念莫邪和干将，就把这座山叫莫干山。

莫干山以清凉和幽静著称。在这峰峦起伏、绵延十几千米的山上，即使山外烈日炎炎，这里却总是清风习习，沁人心脾。夏季这里的最高气温从来没超过30℃。

这里竹子多，到处是成片的竹林。所以陈毅曾这样吟咏：

莫干好，遍地是修篁。

夹道万竿成绿海，风来凤尾罗拜忙。

小窗排队长。

剑池瀑布是莫干山著名的风景点。从荫山街沿石阶往下走，经过琉璃瓦屋顶的“花厅”和花木繁茂的荫山洞，就会听到一片哗哗的水声，这就是剑池瀑布下泻的响声。再往前走，过了阜溪桥，水声更大，犹如雷鸣。沿着桥边悬崖上筑有栏杆的石阶往下，就到剑池。这时，飞瀑轰然而下，抛珠溅玉，宛如白鹭翩翩起舞，又如幅幅白绢抖腾空中。飞瀑泻入池中，腾起一片烟雾；深谷幽风阵阵，水雾随风飘拂，着实壮观！这剑池相传就是干将夫妇铸剑的地方。池旁还有一块巨大的磨剑石。剑池东北的断岩上，建有观瀑亭。登亭远眺，剑池瀑布全景尽收眼底。

莫干山的最高峰叫塔山。据传，后晋天福二年(937年)，山顶上建有宝塔，所以叫塔山。不过，这塔早已倒塌。登山远眺，东望太湖，南望钱塘江，历历在目。

莫干山剑池瀑布

伟大的"母亲河"

长江干流流经青海、西藏、云南、四川、湖北、湖南、江西、安徽、江苏、上海等十个省、市、自治区，自西向东，横贯我国的腹地。它的支流更是南来北往，延伸到甘肃、陕西、河南、贵州、广西、广东、福建、浙江等八个省、自治区。流域面积达到180万平方千米，在长江的怀抱里，生活着三亿多中华儿女。换句话说，平均每三个中国人中就有一个是喝长江水长大的。因此，人们在称黄河为中华民族的摇篮时，也把长江亲切地叫作"母亲河"。

一位长期主持长江规划和建设工作的专家说，在对世界几大著名河流进行比较时，如果不仅仅以长度、水量和流域面积等指标论大小、排名次，而是综合各种要素，包括河长、水量、沿岸面积、人口、物产、经济、文化、风景名胜、地理条件等进行比较，那么，长江就具有独特的综合性优势，堪称世界"河流之王"。

这并非故作惊人之语，也不是夜郎自大。

以沱沱河为源，从海拔5820米的源头冰川雪线到长江河口50号灯浮，长江全长6397千米(不包括荆江裁弯取直里程)。如果以东经122度线为长江河口止点，长江全长为6360千米。不管怎么算，都超过了美国的密西西比河，而仅次于非洲的尼罗河和南美洲亚马孙河，列为按长度计算的世界第三大河。

就流域面积来说，长江比亚马孙河和尼罗河都小。但亚马孙河流经秘鲁、巴西等八个国家，尼罗河流经埃塞俄比亚、埃及等七个国家。这就是说，在世界上三大长河中，只有我国能尽享长江之利。这对航运、灌溉、淡水养殖、水能利用、旅游开发，无疑有诸多便利。

就流域人口而言，尼罗河沿岸国家人口总数只有约1.7亿人，亚马孙河沿岸只有约2.3亿人，都不及长江。

长江从源头到入海口，先后有700多条支流汇入，其中有七条支流的年水量超过黄河。每年入海水量近一万亿立方米，约相当于黄河的20倍，占全国入海水量的三分之一以上。

武汉长江大桥

水量大，落差也大，是长江水能利用上的优势。它从我国地形的第一阶梯青藏高原，流过第二阶梯云贵高原和四川盆地，到达第三阶梯长江中下游平原，从高到低，滑坡很明显。从源头到入海口的总落差，有5800米，是世界上落差最大的河流。其中上游的金沙江，落差就有3300米。也就是说，金沙江每流一千米，就下降一米多。如果在各个河段上建造水力发电站，就一个比一个低，形成梯形，这就是河流的“梯极开发”，那发电量可就大得惊人了。据估算，长江的水能蕴藏量有2.68亿千瓦，占我国水能蕴藏总量的40%，相当于美国、加拿大、日本三国水能蕴藏量的总和。一条河流具有如此丰富的水能，确实是绝无仅有的。

长江素有“黄金水道”之称。干流横贯东西，支流竖通南北，江宽水深，终年不冻，适于航运。舟船扬帆而前，巨轮破浪远航。你来我往，一片繁忙景象。通航里程8万千米，其中约3万千米可通行机动船舶，占全国内河通航总里程的70%。在3000千米的干流上，四季都可以行驶机动船。重庆以下，终年可以通行千吨级轮船。武汉以下，高水位时可以通行万吨级轮船。南京以下，终年可以通行万吨级轮船。一条长江，可以顶多少条铁路呀！我国铁路总里程约五万千米，比美国、苏联、印度都少。浩荡长江，在一定程度上弥补了我国铁路的不足。疏浚河流以便通航，要比铺设铁路、高速公路经济得多。长江，我们天然的运输通道！航运之利可谓大矣！

长江流域有沃野千里的平原——成都平原、洞庭湖平原、江汉平原、苏皖平原和长江三角洲平原，有梯田层层的丘陵地带。这里有耕地3.7亿亩，约占全国耕地总面积的四分之一。主要为水田，也有少量旱地。气候温暖湿润，适于水稻生长。因此，虽然耕地面积只占全国的四分之一，粮食产量却占全国的十分之四。其中水稻产量占全国的十分之七。在我们这个人口众多的国度里，有没有足够的粮食是关系到国家稳定与否的重要因素，“无农不稳”，实质上就是“粮不稳”。从这个意义上说，滔滔长江与我国的兴衰息息相关。

长江流域的经济作物很多。棉花产量占全国总量的三分之一以上，油菜籽、芝麻、茶叶、柑橘、蚕丝、苎(zhù)麻等也都占全国总产量的大部分。

油菜籽是主要的食用油料之一，长江流域是传统产区，四川最多，产量占全国的五分之一左右。湖南、安徽、江西、江苏也占有较大比重。

湖北、河南、安徽则是芝麻的主要产区。人们旅游经过湖北武汉或河南郑州、信阳，总喜欢买几包麻糖，这是当地的特产，味美价廉。

茶叶是世界三大饮料之一，原产于我国。1世纪初，我们祖先已有饮茶习惯。4世纪时，已开始人工栽培，16世纪传入欧洲，18、19世纪才传入美洲。英语称茶为“tea”就是汉语潮州话的音译。直到现在，我国仍是世界上最大的茶叶生产国之一。主要产于长江流域的低山和丘陵地带。

柑橘是人们喜欢吃的水果，味道鲜美，甜中带酸，含有多种维生素和其他对人体有益的物质，可以润肺顺气，消痰止咳。现在，每年一入冬，全国各地的水果摊上都摆满了色泽鲜艳的柑橘，煞是好看。品种也多，什么“蕉柑”、“冰糖柑”、“椪(pèng)柑”，又有“蜜橘”、“福橘”、“金橘”。这些柑橘都产在四川、湖北、湖南、贵州、广西、浙江、福建等省区。

苎麻茎皮纤维洁白，有光泽，拉力和耐力都强，是重要的纤维作物。用它做麻绳，比普通麻绳要经用得多。这是我国的特产，产量占世界一半以上。主要分布在长江流域，其中湖南、江西产得最多。

我国的养蚕历史有2500年以上。现在我国三大桑蚕丝基地，有两个在长江流域，就是太湖一带和四川盆地，只有一个在珠江流域。你知道四川为什么简称“蜀”吗？这也和养蚕有关。相传在太古时候，有一个居住在岷江河谷的古老部族，最先养蚕缫(sāo)丝。他们把野蚕饲养成家蚕，让它抽丝。人们称他们为“蜀山氏”。“蜀”字，《说文解字》解释为“葵中蚕也”。所以在用部首查字法查“蜀”字时，要查“虫”部。看来，“蜀山氏”就是最早养蚕的先民。唐代诗人王建曾这样描写四川盆地的养蚕景象：“雨里鸡鸣一两空，竹溪村路板桥斜。妇姑相唤浴蚕去，闲着中庭栀子花。”当年四川妇女喜欢头插栀子花，可到了养蚕时节，忙着洗蚕茧去了，顾不得打扮了，竟让栀子花闲着，自开自谢，没人理会了。

长江水域宽阔，现有水面面积约为1.3亿亩，几乎是我国淡水总面积的一半，淡水鱼产量占全国总产量的三分之二。淡水鱼种类也最多，近300种。白鳍豚、扬子鳄被列为国家一级保护动物。

长江流域的矿产资源也很丰富。铜、铅、锌、锑、钨、钴、锡、磷等的储量占全国绝大部分。四川渡口市地处金沙江边，春天一到，这里到处开着红艳艳的木棉花，当地人叫攀枝花。这个“西南钢都”也就叫攀枝花钢铁基地。这里的大型钒钛铁磁矿床中，伴生钛储量达4.2亿吨，约相当于国外探明储量的总和。云南兰坪县有世界上最大的铅锌矿。四川的天然气资源居全国的首位。

长江流域还有丰富的森林资源。主要分布在上游和中游山区，森林面积有30万平方千米，树木有几百种，木材蓄积量约23亿立方米，占全国蓄积量的三分之一。

森林面积广大，野生动物自然就多。长江流域的熊猫、金丝猴、野牦牛、白唇鹿、雪鸡等异兽珍禽都是国家一类保护动物。

长江流域旅游资源十分丰富。名山荟萃，峡谷多姿，湖泊众多，城市密布。我们在上面已有所介绍，可见一斑。

长江流域是我国经济蓬勃发展的地区，其中中下游平原和长江三角洲是我国经济最发达的地区。重庆、成都、长沙、武汉、南京、上海是我国著名的大城市。

如果说黄河流域是中华民族的摇篮，那么长江流域同样是祖国文化的发祥地之一。早在旧石器时代，我们的祖先就在长江流域劳动生息，1965年在云南元谋发现的元谋猿人是国内最早发现的长江流域较早的属于“猿人”阶段的人类化石，距今已有170万年左右的历史。近年来在云南禄丰县石灰坝发现的古猿人化石，据测定属于距今已有800万年的古猿。在四川资阳、湖北长阳和郧(yún)阳、安徽和县都发现了猿人化石。1973年在浙江省余姚县河姆渡发现的新石器时代文化遗址中，有大量稻谷或稻壳痕迹，还有家畜骨骼、房屋遗迹、陶器和生产工具，这就是说，六七千年以前，我们的祖先已在长江流域建造房屋，种植水稻，饲养家畜，过着以农业为主、兼有渔猎和采集活动的定居生活了。到了春秋战国时期，长江上游的巴蜀文化，中游的楚文化，下游的吴越文化都已迅速发展，楚国曾是“战国七雄”中的强者之一。三国时，孙权联合刘备，在湖北蒲圻(qí)利用火攻，大胜曹操，创造了我国历史上以少胜多、以弱胜强的著名战例。总之，我们的祖先在长江流域写过辉煌的篇章。

长江，你滋润着神州大地，你和黄河都是中华民族的象征！

长江，伟大的长江，你向人们展示的是一幅永远也描绘不完的画卷！

中华民族的摇篮——黄河

在彩色地图上，河流都是用蓝色表示的。当你翻开中国地图时，很快就会发现，在我国北方有条“几”字形的大河，沿着这条大河自西向东可以经过青海、四川、甘肃、宁夏、内蒙古、陕西、山西、河南、山东九个省区。这就是著名的黄河。

黄河流经如此广大的地区，它到底有多长呢？从源头到入海口，它的长度为5464千米。就长度来讲，它是我国仅次于长江的第二大河。

在地图上，黄河是用蓝色表示的。而在现实中，它很长一段河水中含有大量黄色泥沙，使河水呈黄色，因而被称为“黄河”。

波涛汹涌黄河水

黄河与长江一样都是发源于青藏高原，向东流入大海的。黄河的发源地在青海省境内的巴颜喀拉山北麓各姿各雅山下的卡日曲河谷和约古宗列盆地，从源头的涓涓细流，沿途接纳了40多条主要支流和千万条小溪小川，形成了平均每年480亿立方米水量的滚滚洪流，经过“万里长征”，在山东省垦利县注入渤海。

黄河源

在青海境内，黄河流经海拔4000多米的高原地区，它时而左拐，时而右转，在青海东部呈“S”形的转折，缓慢而温柔地流动着。一到高原的边缘地带，河水便汹涌呼啸，势不可当。从青海省的龙羊峡到宁夏回族自治区的青铜峡，黄河像把利剑，劈开重重山岭，穿行在深山峡谷和川地之间。在 900 千米的河段里，就有 20 个长短不一的峡谷，河水奔腾着、咆哮着下跃了 1300 多米，水力资源极为丰富。随着水势的增强，水中泥沙增多了。在甘肃兰州，黄河拐了个大弯向东北方流去。

青海贵德县黄河河谷

出了青铜峡，就进入了宽阔平坦的“塞上江南”宁夏平原，然后向东流入五谷飘香的内蒙古河套平原，这里河床展宽，水流平缓，是黄河上灌溉、航运发达的河段。

从源头到内蒙古河套平原东边托克托县的河口镇就是黄河上游，约 3470 多千米。

晋陕峡谷间的黄河

从河口，黄河又开始往南走在陕西和山西之间。在这里，它又把黄土高原劈为两半，开出了一条深邃的峡谷，这就是晋陕峡谷。它的东边是山西，西边是陕西，峡谷就是这两省的天然分界。整个峡谷除了很少地段比较开阔以外，绝大部分两岸都是陡立的峭壁，一般高出水面几十米到 100 米，河道一般宽 200 米至 400 米。黄河在这 700 千米的峡谷中，下落 600 多米，水流湍急、汹涌澎湃。到山西禹门口，河面展宽，水流稍缓。在陕西潼关，黄河掉头向东，又穿过一段峡谷，在河南郑州附近的桃花峪，结束了中游的旅程，流程为 1200 多千米。

在中游，黄河接纳了黄土高原上众多的支流。这些支流携带大量泥沙，使黄河干流泥沙猛增，河水变得又黄又浑。俗话说："一碗水半碗泥。""水一石(dàn)，泥六斗。"黄河平均每年输往大海的泥沙量为 16 亿吨。如果用载重四吨的卡车运送这些泥沙，要动用 110 万辆，将近一年才能运完；如果把这些泥沙堆成高宽各 1 米的土堤，就可绕地球赤道 27 圈。黄河中这么多的泥沙有 90%是来自中游的。

从桃花峪到入海口，是黄河的下游。

高于右侧农田的黄河大堤

黄河下游流经我国的华北大平原，横贯河南、山东两省。在平原地段，地面开阔、地势平坦，河面宽阔，波涌连天。因为水的流速骤然降下来，水中的泥沙就逐渐沉到了河底，不断把河床抬高。在这没有峡谷，没有高岸的地区，凸起的河床高出两岸平原地区1～4米，形成了“地上河”，也叫“悬河”。这样一来，河水就容易泛滥。人们为了防止河水泛滥，就在两岸修筑堤坝控制河道。天长日久，堤坝越修越长，越修越高，最高处高出两岸15米。千里大堤就像两道长城守卫着黄河水。

在下游，黄河向东流过古城开封后，折向了东北。过了山东西边的东平湖后，左岸是一望无际的平原，右岸则是绵延起伏的山岭，南面不远就是拔地而起的泰山。黄河在山东境内向东北方向奔去，最后在垦利县流入渤海，行程790多千米。

黄河从西到东，犹如一条巨龙横卧在中国北方大地。如果你细细观察黄河流域的图形，它就像是一只猛虎向东奔腾。正如唐代诗人李白所作的诗句：“黄河之水天上来，奔流到海不复回。”

黄河之水天上来

黄河的水是黄的，因为它含有大量黄土，所以有句老话说“跳进黄河洗不清”。如果有人说黄河的水是清亮清亮的，大概会遭到怀疑和反对吧。然而黄河确实有清澈见底的河水。不信你就到“黄河之水天上来”的青藏高原上看看吧。

黄河源卡日曲

首先，让我们来拜访一下黄河的最上源——巴颜喀拉山北麓各姿各雅山下的卡日曲河谷和约古宗列盆地。这谷地和盆地就是黄河在这里的南北两个源头。

南边的卡日曲，藏语的意思是“红颜色的河”，是泉水和高山冰雪融水形成的小溪汇成的小河，穿过100多千米的谷地与北面的另一黄河源——玛曲汇合。

北边的约古宗列，藏语的意思是“炒青稞的锅”，它的西南缘，晶莹的泉水像珍珠串般时断时续地从众多的泉眼中冒出来，汇成一股股清流，串联了盆地中的大小河流，渐渐形成一条小河，这就是玛曲，意思是“孔雀河”。这是因为散布在盆地上的溪流和水泊仿佛孔雀开屏。在藏族人民中，至今还流传着一支关于孔雀河的民谣：

孔雀河上有孔雀呵，

羽毛插在净瓶里。

每当春回大地的时候，盆地里碧草如茵，百花吐艳，山水相映。

星宿海的海子如繁星般点缀在黄河岸边

黄河的这两条上源，卡日曲水长，玛曲水多，它们相遇后，便并肩前进去寻找新的归宿。

玛曲在出了约古宗列盆地，还未与卡日曲相会时，就先到了一个叫“星宿海”的地方。

星宿海，不是海，是约古宗列下的一个积水盆地。这里有辽阔的草滩和沼泽，黄河在这里散乱地、缓缓地流过。登高远望，草滩上散布着很多大大小小的海子(湖泊)，真是水天一色。当太阳出来向这里投射出万丈光芒时，整个草滩犹如一个发光的物体。而当太阳被浓云遮蔽的瞬间，这一个个海子就像星星一样，变得非常分明：海子是海子，草地是草地。月光下，这些海子闪闪发光，也如群星一般，由此得名“星宿海”。

黄河的两个源流——卡日曲和玛曲相会后，向东穿过碧波荡漾的扎陵湖和鄂陵湖，穿过辽阔无垠的果洛草原，来到青、川、甘交界处的松潘草原。一路上，远山与近水、鲜花和青草宁静而神秘。

神奇的峡谷

在黄河的上、中游有不少著名的峡谷。

黄河穿过龙羊峡谷地

在上游，有大家熟悉的龙羊峡、刘家峡、盐锅峡、八盘峡、黑山峡、青铜峡等。它们集中分布在青藏高原与黄土高原之间的交接地带。这些峡谷两岸大都是由坚硬的岩石组成的，峡谷中也有不少突出于水面的岩石——险碛(qì)，有些险碛的名字十分有趣，如"白马浪"、"月亮石"、"洋人摆手"、"老两口"、"三兄弟"、"九姐妹"等等，这些名字还伴随着神奇的传说如"洋人摆手"，传说在许多年前，有个外国人乘羊皮筏子路过这里，因水流太快，筏子像箭一样向下冲去，他在惊慌中，一下跃跳到了一块巨石上，眨眼间，筏子被急流冲走，洋人便留在这巨石上。每逢有载人的羊皮筏子经过，他便大声呼救。但援救的人无法靠近，只能看着他在这一巨石上向人们招手。于是，"洋人摆手"的名字就流传下来了。这个传说充分反映了这段峡谷的惊险形势。

龙羊峡水电站

从龙羊峡到青铜峡，河槽是峡谷与川地(较宽的平地)相同分布的，呈莲藕状，峡谷就在一个个藕节上。这种一束一放的山河形势，对建立水库大坝十分有利。新中国成立以后，我国政府投入了大量人力、物力，在这里筑大坝、修水库、建电站，对这一带的水力资源实行梯级开发。目前，黄河上游已经成为我国重要的水电基地之一。坐落在峡谷中的水库，像串明珠在黄河上游闪烁着。

在第一高峡平湖——龙羊峡处，往下游方向望去，水流湍急；若往上游方向走一走，则水流较缓。龙羊峡处就像个巨大的石阶，使黄河水的流速有如此大的变化。

在青藏高原，呈“S”形的黄河上分布着一些大家不太熟悉的峡谷。其中有一个黄河上最窄的峡谷——野狐峡。此峡谷距龙羊峡约 90 千米，最窄处仅十多米，左岸高四五十米，右岸高达百米，从峡底仰视，仅见青天一线。据说，曾经有个野狐在这里跳过，因而得名。这不禁使人想起长江上的虎跳峡。

位于中游的晋陕峡谷，是黄河上最长的峡谷，从河口镇到禹门口(龙门)，黄河飞流 725 千米，两岸危崖壁立，峙立如屏，构成一幅长长的山水画廊。

在这山水画廊中，最为奇特的胜景，就是仅次于黄果树瀑布的我国第二大瀑布——壶口瀑布。

壶口瀑布

黄河来到壶口，两岸峭立的崖壁，使河身从 200 多米猛然缩为 50 米，并使河水跌入了 17 米深的河谷。水花飞溅，满谷滚滚黄烟。倾泻的河水形成了瀑布，看上去就像一把特大的茶壶向外倒水，造成了“源出昆仑衍大流，五关九转一壶收”的景象。壶口之名便由此而来。

在壶口，瀑布垂帘，激起一片高达300多米的水雾，这在当地叫作“水上冒烟”，是这里的一大奇景。到了冬天，黄河流水就结冰了，冰凌相互交错，一夜之间，冰凌隆起，同两岸一样高。于是，一座天然的“冰桥”搭成了。这时，两岸的乡民们利用这座冰桥，走亲访友，车马往来，非常热闹。现在，每年冬天的“壶口冰桥”，成为供人们欣赏的一大美景了。

在壶口瀑布东岸有条“旱道”，曾有过“旱地行船”的往事：

从前黄河的船运十分繁忙。但是船只路过壶口时，都要在瀑布上游停船卸货，在船上拴紧绳索，用人力将空船从河中拉上旱路。随后在旱地行船。直到人力拉船绕过瀑布才重新下水，再将货物装到船上，继续水中行舟。由于晋、陕、豫的铁路联接通车，壶口的旱地行船成为了历史遗迹。

三门峡水流中的礁石

在晋陕峡谷的南端，东有龙门山，西有梁山，两山对立，似两扇大门，黄河水呼啸着从龙门奔涌而出，气势宏伟壮观。传说，远古的时候，这里巨大的龙门挡住了黄河的去路，河水泛滥成灾。大禹来到这里治水，他举神斧把龙门山劈成两半，开出了一条峡口，把水引导入海。所以龙门又有“禹门口”之称。

“鲤跃龙门”的神话故事也发生在这里。据说有名的“黄河鲤”就是跳过龙门的鲤鱼的后代。

三门峡是驰名中外的峡谷。在峡谷河道中,因有鬼、神二座石岛将河水一分为三,构成鬼、神、人三门。故得名三门峡。三门中,鬼、神门的水势急险,似乎只有鬼神可以穿门而过;人门水势稍缓,但也是舟船难行。

三门峡水利枢纽

人们想在三门峡上造桥的美好愿望,在新中国成立以后变为现实了。1960年,一条大坝横亘峡谷,像一条银色的缎带把晋、豫两省连接,把天险变成了通途。这就是三门峡水库大坝,它降伏了洪水,让黄河发出了强大的电流,又灌溉着广阔的农田。

富饶的河套地区

河套地区在哪里?它是黄河上游的广大冲积平原,即宁夏回族自治区境内的宁夏平原和内蒙古自治区境内的河套平原。

为什么叫“河套”呢?因为黄河在这一带流成一个大弯儿,像个布套,所以叫河套。

黄河出了甘肃省黑山峡后,就进入了宁夏回族自治区,穿过整个宁夏平原。这里地势平坦,土层深厚,土地集中成片,贺兰山脉耸立在平原的西北侧，像一道长长的屏风，挡住了从西北来的戈壁飞沙和高山寒流，使平原蓝天明净，气候温和。虽然这里年降水量平均只有200毫米，但黄河给这里带来了丰沛的水源，使这块土地成为黄河上游第一个大面积引黄灌溉的农业区。

宁夏平原引黄河水灌溉已有两千多年历史了。著名的古渠道有秦时的秦渠、汉时的汉渠、唐徕渠等。在平原上，古代与现代的渠道交错分布。劳动人民辛勤耕作，将这里变成“谷稼殷积，庄户富饶，牛马衔尾，牛羊塞道”的绿洲。

宁夏河套平原

新中国成立以后，在青铜峡兴建了以灌溉为主，结合发电、防洪、防凌(凌汛)等综合利用的大型水利枢纽工程，使这里变得更加美丽富饶。干旱时，庄稼不会枯死；洪水期，良田不会淹没，黄河水按照人们的意志流进灌溉渠道，整个宁夏灌区形成了完整的排灌系统。水浇地面积和粮食都比解放初期增加了两到三倍，成为西北的一个粮仓。由于用上了电，农业、畜牧业、工矿业等都有了较快的发展。因而被称为“塞上江南”。

枸杞和滩羊是这里著名的物产。枸杞是一种药材，具有滋肾、润肺、补肝、明目的功能。

青铜峡水利枢纽

由于滩羊在吃饱喝足后，就逍遥自在地躺在黄河滩上，因此得名。它是宁夏的特产，它的皮和毛的质量非常好，因而享誉海内外。

在内蒙古境内，黄河流经的广大平原就是河套地区另一个富饶美丽的地方——河套平原。它与宁夏平原一样，也引黄河水灌溉农田，是我国古老的灌区之一。它也是内蒙古自治区的重要农业区。

但在解放前，这里发展缓慢。解放初期，渠系紊乱，引水得不到保证，有些灌区有灌无排，出现了白茫茫的盐碱滩。

60年代初期，在河套平原西部建起了三盛公水利枢纽，这是河套灌区的咽喉，黄河水从这里通过总干渠流到各个分灌区。在辽阔的平原上，大坝、涵闸巍然屹立，扬水站星罗棋布，排灌渠道纵横交错。土质得到了改良，农作物长势良好，这里已经成为我国重要的商品粮基地之一，也是我国重要的甜菜产区。

内蒙古蜜瓜，是河套平原著名的特产。由于有黄河水的浇灌，强烈的日照使瓜聚积糖分，所以这种瓜质量好，味香甜，深受人们的喜爱。

在河套平原，还有肥美的草原牧场、丰富的渔业资源以及丰富的矿产。水利工程的兴修，不仅使农业得到发展，而且促进了林、牧、副、渔业

三盛公水利枢纽

及工矿业的发展。

解放前,中国有句俗话,叫作“黄河百害,唯富一套”,意思是黄河给人民带来了不少灾害,唯有给河套地区带来巨大的财富。解放后,黄河经过全面治理,多少年来没有决口,它的水利资源也得到了广泛的开发利用。所以,现在可以说:“黄河百利,更富一套”了。

浑黄凝重的黄土高原

黄土高原因覆盖有广大而深厚的黄土而闻名于世。它位于秦岭以北,长城以南,太行山以西,乌鞘岭以东。包括甘肃省中部、东部及宁夏回族自治区东南部、陕西省北部、山西省全部和河南省西部。

黄河流经黄土高原时,被高原上的黄土染黄。“黄”河的名称,正是黄土高原赋予的。

黄河流域最早的人类足迹出现在黄土高原,最典型的“仰韶文化”遗址在黄土高原,最早的人类定居活动和农业生产活动也都在黄土高原。黄土高原以它那丰厚而肥沃的黄土,养育着高原人民,养育着中华民族。震撼人心的《黄河大合唱》就是从这里传出的。这片黄土地是我们民族的根基所在。

黄河流过黄土高原

远古的时候，绿色覆盖着这块高原：到处是森林、草原和湖泊。在茫茫的原野上，古象成群，羚羊咩叫，野马奔驰……一派生机勃勃的动物世界。

温和湿润的气候、肥沃连片的土壤，也为人类的生存提供了有利条件。我们的祖先用自己勤劳的双手开发了这片黄土地、创造了灿烂的古代文化。多少年来，人们一代接一代、一代传一代地在这里生息、劳动、建设，付出了无穷的智慧和力量。使这里成为发达的农业区，成为物产丰饶、殷实富庶的地方，并且在这里建立了全国政治、经济和文化的中心。

但是，现在的黄土高原，却是沟壑纵横、支离破碎的丘陵地貌了。千百年来，由于长期不合理地开垦，高原上的森林和草原越来越少；历代统治阶级为了镇压农民的反抗，残暴地放火烧山，大面积的植被遭到破坏。高原上的绿色逐渐被黄色取代了，良好的生态环境也随之恶化了。

黄土是一种特殊的土。干燥时十分坚固，像岩石一样，可以垂直陡立；一遇到水就变得松软，甚至土崩瓦解。失去植被保护的黄土，极易被水冲刷，这就使辽阔的黄土高原被侵蚀、切割，出现深沟大壑。高原上很难找到大块的平地，显得十分破碎。不少地方是“远看像平川，三步到沟边，隔沟常相见，过沟得半天”。

反动统治阶级破坏了黄土高原的环境，使这里出现了严重的水土流失，危害了农业生产，给高原人民带来了沉重的灾难；同时，使黄河成了世界上含泥沙量最多的河流，也给黄河下游的人民带来了忧患。

在漫长的反动统治时期，残酷的封建剥削，小农经济力量单薄，不可能改变黄土高原的状况。新中国成立以后，在党和政府的领导和关怀下，与黄土相依为命的人民，经过了长期的奋斗，使黄土高原得到了真正的治理和改造，出现了可喜的新面貌。

黄土高原的绿色多了。人们种草种树，修筑梯田、条田、坝地和水地，山上、坡地、沟谷越来越多地被绿色所覆盖。

高原上不仅植被多了，还出现了数以千计的坝库工程。打坝拦泥，锁住沟壑，用山洪淤滩造地，许多地方已经控制了水土流失。

黄土高原还在变，它将变得更美好，更可爱。

这里的人民，同这高原一样换了面貌。他们的腰鼓敲得更有力了，唢呐吹得更嘹亮了，山歌唱得更深情了。

浑黄凝重的黄土高原，提供着丰厚的养料，散发着五谷的芳香，凝聚着民族的精神，造就了坚韧而伟大的中华民族。

伟大的黄河

黄河哺育着两岸的炎黄子孙，黄河流域是中华民族的摇篮，是世界古代文化发祥地之一。

黄河流域开发的历史，有文字记载的已经有五千多年了。从地下发掘的化石来看，还可以追溯到五十万年以前的猿人时代。在陕西省蓝田县发现的猿人化石，就证明了这一带早在五六十万年以前就有了原始人的足迹。这里广泛分布着石器时代的人类文化遗址，最早是在河南仰韶村(洛阳西边)发现的,因而称"仰韶文化"。陕西省西安市半坡村遗址是"仰韶文化"时期村落的典型代表。在黄河流域还发现了新石器时代晚期的"龙山文化",其典型在山东济南附近的龙山镇。

大约在三千五百年前,位于黄河下游中原地区河南的殷商王朝,已经成为和埃及、巴比伦同时期的世界三大古代帝国之一。

从殷商王朝起(前17世纪初—前11世纪)到北宋(960—1279年)的约三千年的时期里,黄河流域一直是我国政治、经济、文化的中心。我们的祖先在这里创造了绚丽灿烂的文化,留下了丰富的文物古迹:秦始皇的皇陵及兵马俑,古都长安(西安)的碑林、大雁塔、小雁塔及华清池,洛阳的龙门石窟、白马寺,开封的铁塔、龙亭,天水的麦积山石窟,甘肃的刘家峡炳灵寺石窟等等。

古丝绸之路、万里长城也有一部分在黄河流域。

我国的六大古都——西安、洛阳、开封、南京、杭州和北京中有三个,即西安、洛阳、开封在黄河流域,就建都情况看,时间最早,延续时间最长。

黄河流域又是人民革命战争的舞台。几千年来,中国人民革命斗争的洪流,像黄河一样,波涛汹涌,冲垮了一个又一个反动王朝,推动着历史的前进。抗日战争、解放战争时期,黄河两岸,军民同心协力,为我国人民的解放事业做出了卓越的贡献。抗日战争时期,《黄河大合唱》成为激励中华儿女、凝聚民族力量,抵抗侵略,冲锋陷阵的民族歌曲。

黄河流域为什么能成为中华民族的摇篮呢?这与古代黄河流域适于人类生活和生产的地理环境有关。这里气候温和,有大面积的黄土地带,土壤疏松、肥沃,使用简单的工具就可以开垦,这些给原始农业的生产和发展提供了有利条件,成为早期农业发达的地区。黄土还有个特点,就是可以挖洞居住(如延安窑洞),洞内冬暖夏凉,这对古代人民定居生活也是个方便条件。

几千年前的黄河流域是满目青山、郁郁葱葱的。那时黄河水不像现在这样浑浊,黄河的许多支流水都是清的。这不仅为生活提供了有利条件，还为交通和灌溉提供了便利。

黄土高坡上的窑洞

这些优越的地理环境，促使人们最先开发黄河流域，使得这里的经济发展比较快，政治、文化也比较先进。正因为如此，黄河是我们中华民族的母亲河，是条伟大的河流。

但是，在旧中国，黄河的上游和中游水土流失严重，下游洪水经常泛滥，由于反动阶级的长期统治和科学技术的落后，黄河得不到全面治理，给两岸人民带来深重灾难，黄河成了世界上有名的害河。

五千年来，我国劳动人民，为征服黄河付出了巨大的代价。治水的名人、事迹代代流传。

新中国成立以后，古老的黄河跨进了新的时代，人民从根本上治理黄河的理想在中国共产党的领导下，正有计划地一步步地变成了现实。

黄河流域资源非常丰富，上、中游有大面积的天然牧场，煤、石油、有色金属极为丰富；中、下游是我国粮食、棉花等农作物的重要产区之一。黄河本身，上、中游峡谷多、落差大，水力资源丰富，有的河段还可通航。

因此，今天，黄河正以崭新的姿态，在为中国的振兴、民族的富强贡献新的力量，在为中华民族的历史谱写新的篇章。

流淌在黑土地之上的黑龙江

北方的黑色巨龙

黑龙江，东北亚最大河流，在世界河流长度排名中位居第六，是中国四大水系之一。

白山黑水是中国东北（包括黑、吉、辽三省和内蒙古自治区东部）的名片，这里的黑水就是指黑龙江。黑龙江水颜色发黑并不是污染所致，而是因为其流经黑质土壤地带，河水富含腐殖质，由此水色发黑而得名。《山海经》中记载："西望幽都之山，浴水出焉。"郭璞注："浴"即黑水。盖黑水之名始见于此。公元13世纪成书的《辽史》第一次以"黑龙江"来称呼这条河流，书中记载了辽帝在黑龙江附近的活动：大安七年"三月丙戌，驻跸黑龙江"；大安七年"春正月壬戌，如混同江"。混同江系指黑龙江与松花江汇合处以下的一段江水。龙是黄河流域到辽河流域地区的部族图腾，辽朝同样把龙作为皇家的标志。而黑龙江是契丹人的发源地，故在名称中有龙。黑龙江干流的上、中游段现为中俄界河，俄人称之为阿穆尔河。但是，"阿穆尔"不是俄罗斯人的固有称呼，而是从别的语言里借入的。对这个词究竟来源于哪种语言和哪一个词，还未有定论。俄国学者菲舍尔认为，黑龙江下游到库页岛附近的尼夫赫人（中国故称费雅喀人）把黑龙江称为"阿玛尔"，俄国人即据此把从石勒喀河和额尔古纳河汇合处起的这条河称作阿穆尔河。另有人认为，"阿穆尔"一名来自于达斡尔人。达斡尔人称江中的草鱼为"阿穆尔"，并将这一名字泛指黑龙江，俄人于是沿袭了这个名字。事实上，俄人对于东北亚的很多征服地区都以当地旧称进行音译，从而创造出俄语名称。比如库页岛的名称就来自于满语：sahaliyan ula angga hada，意为黑江嘴顶，俄文音译为

Сахали н(萨哈林)，其中 sahaliyan(萨哈连)意为“黑”。何秋涛记述：黑龙江，满洲语曰“萨哈连乌喇”，“萨哈连”谓黑，“乌喇”谓江也。其实，达斡尔语的“卡拉穆尔”和蒙古语的“哈拉穆林”也是如此。“卡拉”和“哈拉”意为“黑”，“穆尔”和“穆林”意为“江”或“水”。

从黑龙江名称的缘起，我们会发现，黑龙江流域是多个民族的生息之地，同时也是各种势力的碰撞之地。目前，黑龙江的干流部分，大约有近三分之二为中俄界河，以江心为界，其右岸为中国领土，其余干流部分属于俄国。或许正因为如此，我们在谈论东北地区河流的时候，总会首先提到松花江，而不是黑龙江。但是，松花江仅仅是黑龙江的一条支流，黑龙江流域向西还包括额尔古纳河，向东还包括乌苏里江。而且，当我们了解一条河流的地理状况的同时，更需要搞清它在历史上的变迁，只有这样我们才能明白它为什么会是现在这个状态，并且预知其未来的变化。我们知道，任何一条河流，它的壮美和富饶都是相对于人而言的。这种观点固然是狭隘的，但是人类社会对于自然的认知还普遍停留在这个水平上。河流一视同仁的哺育着流域内的草木、鸟兽，包括人，但是对于人来说，河流如果不能惠及于人，那么它就全无意义。因此，我们在为河流的美丽而惊叹的同时，必须观察河流两岸的人群是如何生活繁衍的，他们创造了怎样的文明，并对周边地区产生了什么样的影响。事实上，一条大河的影响力不仅仅在于它的自然情况，更多的在于它周边的人文状态。黑龙江流域是诸多民族的母亲河，游猎民族从这里出发，向南方寻找更美好的生活；而西北方向的冒险者又接踵而至，希望在这里追逐到财富和功名。

黑龙江有南北两源：南源为额尔古纳河，其上源为克鲁伦河，发源于蒙古国肯特山南麓；北源为石勒喀河，其上源为鄂嫩河，发源于肯特山东麓。两源在漠河县西北部的洛古河村附近汇合后称黑龙江干流。从黑龙江南北源汇合点起，到抚远三角洲的黑瞎子岛中部附近的黑龙江与乌苏里江汇合点止，为黑龙江流经中国的干流部分。习惯上将黑龙江分成上、中、下游3段。上游始于石勒喀河与额尔古纳河汇流处(洛古河村),终于结雅河口(精奇里江),长约880千米;中游从结雅河口延伸至乌苏里江河口,长约960千米;从乌苏里江口至入海口为下游,长亦约为960千米。其上游流经茂密的落叶松林覆盖的大兴安岭北端,然后穿行在山谷之中,南岸是小兴安岭松树遮蔽的陡坡,北面是外兴安岭平缓的余脉和狭长的河谷。在结雅河口附近,北岸是开阔的结雅河－布列亚河盆地,河谷向北伸展,直到与平原融为一体,右岸依然是小兴安岭陡峭的山坡。之后江水进入外兴安岭余脉和小兴安岭之间的狭窄山谷地区,江水深度和速度遽增。在黑龙江嘉荫县附近,江水冲出山地,眼前是一望无际的三江平原。江水在低矮的河岸间奔流,河水漫溢,两岸是浩茫的沼泽,水道将地面切割开来,上面点缀着湖泊和水塘;河床多分支,水道变得很宽。在同江三江口(俄罗斯犹太自治州,列宁斯科耶村)附近,黑龙江最大的支流松花江将其富含泥沙的黄色的水流汇入。江水再下行约180千米,在抚远县三角洲(俄罗斯哈巴罗夫斯克)附近,乌苏里江与之合流。河中的泥沙沉积在平原地带,形成巨大的河间沙洲,黑瞎子岛是其中最大的一个。黑龙江漫然泛滥于平坦的沼泽地上,河床成了一个由支流、港汊、旧河床、岛屿、沙洲和岬角构成的迷宫。在哈巴罗夫斯克,黑龙江距日本海海岸仅370千米,但其在被锡霍特山脉阻挡改变流向后,北流966千米最终注入鞑靼海峡。

黑龙江干流全长约2800千米,流经中国境内约1850千米。如果从南源克鲁伦河算起,流程约5498千米,流域总面积约184.3万平方千米,中国部分涉及乌苏里江、松花江、嫩江等河流及其周边地区,流域覆盖约88万平方千米,超过黄河(约75平方千米)。黑龙江流域被世界自然基金会确认为全球五大生态优先区之一,也是经科学论证为世界上生态特点和生物多样性的代表地区。从空中鸟瞰,黑龙江干流在山地和平原间蜿蜒穿行,画出一个巨大的"V"字。两岸遍布湿地,河间岛屿星罗棋布。如此充沛的水量,得利于夏季强劲的太平洋季风。黑龙江流域大致位于东经 108°20′到东经 141°20′与北纬 42°到北纬 55°45′之间。西靠蒙古高原,东临鄂霍次克海,处于寒温带大陆性季风气候。整个流域在冬季受蒙古高压控制,干燥而寒冷漫长;夏季受太平洋季风的影响,湿润而温热短促。春季风大干旱,秋季降温较快。黑龙江以雨水补给为主,季节融雪为辅。降水季节分配不均。11 月份进入冬季枯水期,降水均以雪的形式降落。地表积雪厚度一般在 20～50 厘米,待春季气温回升,积雪才能融化补给河流,河水上涨形成春汛。1 月平均气温为－27℃,7 月平均气温为 21℃。10 月黑龙江开始结冰,冰层厚度超过 1 米。4 月底冰面开始解冻。冰塞常在河流急湾处发生,暂时抬高水位多达 15 米。多年平均封冻时间 164 天。由于开江晚,冰汛、春汛过后紧接雨季,一年中常出现几次洪水过程。

黑龙江流域分布着多条巨大的山脉,这些山脉从西向东主要为大兴安岭、小兴安岭和长白山。最西面的肯特山和最东面的锡霍特山,以及黑龙江北岸的外兴安岭则不在重点讨论范围之内。我们将把黑龙江流域按山脉划分为三个部分:第一部分是黑龙江上游地区,以及流经大兴安岭西部蒙古高原的额尔古纳河和海拉尔河流域;第二部分是大兴安岭以东和小兴安岭两侧的黑龙江中游地区,以及嫩江和松花江干流区域;第三部分是长白山以北、以西地区,包括黑龙江和松花江的下游区域,以及第二松花江、牡丹江、乌苏里江流域。这些山脉非常重要,它们不但是黑龙江诸支流的发源地,而且是这些支流间的隔离带。以这些支流为中心,黑龙江流域形成多个独立的地理单元,这为多民族同时在黑龙江流域繁衍生息提供了天然的物质条件。

西部屏障——大兴安岭

在黑龙江流域的西部,大兴安岭耸立在蒙古高原的东部边缘,其东北端起于黑龙江畔,西南端至西拉木伦河上游谷地,全长 1200 多千米,宽 200 至 300 千米,平均海拔 1100 至 1400 米。大兴安岭是其东南侧的松花江和嫩江水系与其西北侧的黑龙江源头诸水系的分水岭，其将东侧平坦的松嫩平原与西侧高大的蒙古高原隔离开来。冬季，蒙古高原上的冷高压笼罩大兴安岭山脉，“兴安”就是满语“极寒处”的意思。

大兴安岭的秋天

中国的最北端就在大兴安岭北麓的漠河县，漠河县位于黑龙江上游南岸，南靠大兴安岭，北与俄罗斯隔黑龙江相望。地理坐标位于东经121°07′至124°20′，北纬52°10′至53°33′之间，是中国纬度最高的县。漠河县总面积18367平方千米，境内有汉、蒙、回、满、朝鲜、鄂温克、鄂伦春、锡伯、土家等17个民族，人口逾13万。漠河县自然资源丰富，尤以森林、矿产、旅游、珍稀动植物资源闻名于世。村内有“中国最北一家”、“北陲哨兵”碑、“神州北极”碑、望江楼等旅游景点。因是中国最北端的县城，又称“中国的北极城”，这里有机会看到壮丽的北极光。漠河城的兴盛起于本地的金矿开采，清咸丰年间，漠河发现金苗，便有俄国人越江盗采，1885年清政府发觉后，令瑷珲副都统派兵驱逐金匪，于1888年(光绪十四年)，由北洋大臣李鸿章调吉林候补知府李金镛开办漠河金矿，获金甚巨，闻名遐迩。一时，近百万名的矿工拥入沟内，并招来国内外客商，在漠河设铺经商，使漠河形成畸形繁荣之一邑。直到今天，矿区依然可淘到黄金。

漠河最北的边防哨所，瞭望塔上铭刻
“祖国利益高于一切”和“北陲哨所”字迹

漠河县是全国气温最低的县份，属于寒温带大陆性季风气候。年平均气温在－5.5℃。各月平均气温在0℃以下的月份长达8个月之久。1969年2月，黑龙江漠河气象站观测到新的最低气温值为－52.3℃。漠河夏季只有半个月左右，最高温度也不过20℃，夜里只有10℃左右，而且昼长夜短，白昼可达19小时以上。选择冬天去漠河的人，绝对是一个勇于挑战自我的人。漠河的冬天，上午九时才见太阳，下午三时又进入黑夜，白天仅六个小时，所以漠河又叫“长夜城”。漠河人说：“日头冒嘴（太阳刚出来），冻死小鬼”，“腊七腊八，冻掉下巴”，于是又有“寒极城”的别称。在去往漠河的火车上，大兴安岭风光在窗外掠过，三层窗户玻璃也抵挡不了严寒。到了漠河县城西林吉站，下火车仅一会儿，身上的余热就被寒气“逼”走了，呼出的热气，迅即变成一条条在朔风中飘曳的白烟。凛冽的寒风，像一把把小刀，刮在脸上，有丝丝灼痛感。最奇特的是，可以在自己身上观察到“雾凇现象”：呼出的热气凝聚在眉毛、头发、领口上，形成乳白色的疏松的针状冰晶。经过“雾凇”的精心包装，男同胞变成了“圣诞老人”，女孩子若是裹得不严实，估计就得成“白毛女”了。冰雾是漠河特有的一种自然现象，多出现在极寒冷的月份。一般气温在－45℃以下时出现，当地人常称为“冒白烟”。冰雾是高寒地区人们鉴定极端气温的一种标志。出现冰雾的时间约在12月10日至1月底40天之

漠河的北极村

内，最长持续50天，最短时20天左右。冰雾现象常在空气干冷、无风、天空无云的清晨六时至七时出现，持续到中午十一时散去。冰雾中能见度极低，十米之外不见人影，汽车大白天在冰雾中行驶要开大灯缓慢行驶。人吐口沫，出口成冰。漠河另一特色就是雾凇。漠河出现雾凇主要在冬初和春初为多，偶尔在冬季出现。出现雾凇天气一般都在寒冷季节中天气突然变暖。雾凇多在夜间形成，形成雾凇的第二天一般为温暖和晴朗天气，日出之后，几乎一切都沾满雾挂，景象十分壮观。漠河的北中之北就是北极村了。只见村外东西南三面群山环抱，北面是黑龙江，村内大街小巷两旁是风格别致的木刻楞房，周围的墙体全是用圆圆的松木垒起来的，里外再抹上泥巴。北极村冬天的黑昼现象特别明显，白天并不白，那太阳好像不发光，也不发热，只是低低地浮在空中。眼前的黑龙江如一位沉睡的少女，江面上不知有多厚的冰层是她的银色礼服。不远处，

俄方的村庄清晰可辨。在江面上行走千万不能过江心，不小心就会“出国”。江面上零星可见打鱼的农夫，有中国人，也有俄罗斯人。看他们破冰打鱼，颇有“独钓寒江雪”之趣。

距漠河以西 82 千米有洛古河村，石勒喀河与额尔古纳河在此合流后称洛古河，此为黑龙江干流的源头。漠河县兴安镇东南 4 千米处是额木尔河汇入黑龙江的河口地区，黑龙江在此形成巨大的河汊，江中有古城岛，岛屿面积 15 平方千米，为黑龙江第二大岛，其距中国岸 50 米，距俄国岸 350 米。岛屿对岸为从前的雅克萨城，今为俄国阿尔巴津。古城岛上曾修建炮台和城堡，用以支援雅克萨的攻城战。雅克萨之战算是中俄势力在黑龙江流域的第一次正式交锋，也是中俄战争史中少有的几次胜利之一。

额尔古纳河右岸的石刻

从洛古河村沿江可上溯到额尔古纳河。额尔古纳河位于中国内蒙古自治区呼伦贝尔盟和俄罗斯联邦外贝加尔边疆区之间，自西南流向东北，蜿蜒在呼伦贝尔草原上。额尔古纳河是黑龙江的南源，主要支流有海拉尔河、根河。额尔古纳河上源发源于蒙古肯特山的克鲁伦河，克鲁伦河流入呼伦湖，呼伦湖以达兰鄂罗木河同额尔古纳河相联。盛水期，湖水向北流注入额尔古纳河；枯水期，额尔古纳河倒灌回流呼伦湖。由于呼伦湖断流已久，也有将海拉尔河作为额尔古纳河的源头。海拉尔河发源于大兴安岭西坡，以海拉尔河为源，额尔古纳河全长1620千米，其中海拉尔河长622千米。额尔古纳河沿岸地区土地肥沃，森林茂密，水草丰美，鱼类品种很多，动植物资源丰富，宜农、宜牧，养育过许多古代少数民族，额尔古纳河和斡难河、克鲁伦河同为蒙古人的摇篮。蒙古民族在此兴起并最终成就伟业。成吉思汗曾把他的弟弟合拙哈萨尔分封于此，至今，在黑山头还有其王府的遗迹。1689年（清康熙二十八年），中俄两国签订《中俄尼布楚议界条约》，确定以额尔古纳河为中俄两国界河，右岸属中国，左岸属俄国。

呼伦湖

呼伦湖和贝尔湖是大兴安岭西部草原的主要水源地，呼伦湖历史上曾数易其名：山海经称大泽，唐朝时称俱伦泊，明朝时称阔滦海子，清朝时称库楞湖，当地牧人称达赉诺尔（蒙古语，意为"像海一样的湖泊"）。而呼伦湖是近代才有的名称，"呼伦"的蒙语大意为"水獭"，贝尔的蒙语大意为"雄水獭"，因为历史上两湖中有很多的水獭。呼伦贝尔草原因湖而得名。呼伦湖湖水的范围变化非常大，在《山海经》、《唐书》这些古书中都有记载。呼伦湖以前叫大泽，有时候可能达几千平方千米，但有的时候又很小，比如说在清末的时候，有一段时间它干涸了，就剩下几个小水泡和大量的湿地。从清末到民国时期及20世纪60年代到80年代，湖水面积又都有一个扩大的过程。贝尔湖是位于蒙古国东部与中国内蒙古接壤地区的界湖，面积615平方千米，大部分属蒙古国，仅西北部约40平方千米属中国。贝尔湖在明朝时期称捕鱼儿海，西北角有乌尔逊河与呼伦湖相通。呼伦湖是我国第五大内陆湖，湖面呈不规则斜长方形，轴为东北至西南方向，长度为93千米，最大宽度为41千米，湖周长447千米，湖水面积2339平方千米。平均水深5.7米，最大水深10米。湖水从11月上旬封冰，至次年5月初才解冻，冰层厚可达1米以上。呼伦湖水的补给来源一是承接大气降水，二是克鲁伦河、乌尔逊河、达兰鄂罗木河的注入。呼伦湖中共有鱼类30多种，主要有鲤鱼、鲫鱼、鲇鱼等经济鱼类。此外，湖中还盛产白虾。湖水周边沼泽湿地连绵是中国北方地区重要的鸟类栖息地和东部内陆鸟类迁徙的重要通道。呼伦贝尔是游牧民族的乐土，自古就是他们向南方进军的基地。

呼伦贝尔草原上的蒙古包

呼伦湖西北约 40 千米就是中国内陆最大通商口岸满洲里。满洲里原称“霍勒津布拉格”,蒙语意为“旺盛的泉水”。1901 年因东清铁路的修建而得名,俄语为“满洲里亚”,音译成汉语变成了“满洲里”。满洲里全市总面积 730 平方千米。其位于内蒙古呼伦贝尔大草原的腹地,东依兴安岭,南濒呼伦湖,西邻蒙古国,北接俄罗斯,地处亚欧大陆桥的交通要冲,承担着中俄贸易 60%以上的陆路运输任务。满洲里市总人口 26 万,居住着蒙、汉、回、朝鲜、鄂温克、鄂伦春、俄罗斯等 20 多个民族,是一座独领中、俄、蒙三国风情国际性城市,素有“亚洲之窗”的美誉。

满洲里的国门

从满洲里沿中俄国境线向东南大约 35 千米就到了 G301 国道的海拉尔大桥,海拉尔河从桥下穿过,向北约 3 千米与额尔古纳河交汇。向南望去,海拉尔河曲折百转的身躯逐渐隐没在茫茫草原之中。“海拉尔”蒙古语意为榆木、榆林,古时海拉尔地区又称为榆木川,源于大兴安岭西侧吉勒老奇山西坡,呈东至西流向,其源流为大雁河,全长 1430 多千米。流域面积 5.3 万平方千米。流域内年积雪厚度可达半米。封冻期约 200 天。年中洪峰有两次,一是 5 月融雪期,一是 8 月夏雨期。海拉尔河道迂回弯曲,每年春天河水充沛,灌溉了美丽的大草原。沿海拉尔河向东约

180千米就到了呼伦贝尔市。海拉尔区是呼伦贝尔市政府所在地。呼伦贝尔市处于大兴安岭西麓的低山丘陵与呼伦贝尔高平原东部边缘的接合地带,海拉尔河由南向北穿过市区。

曲折的海拉尔河

呼伦贝尔市南端就是鄂温克自治旗,居民区在海拉尔河西侧。位于大兴安岭西侧缓坡和草原的交汇地带。根据2000年第五次全国人口普查统计,鄂温克族人口数为30505,使用鄂温克语,属阿尔泰语系语支。没有本民族文字。牧区学校通用蒙古语文,农业区和靠山区通用汉语。鄂温克是鄂温克族的民族自称,其意思是"住在大山林中的人们",也有另一种说法是"下山的人们"或"住在南山坡的人们",上述词义表明鄂温克人是大山林中的狩猎民族。中国的鄂温克族聚居地主要在内蒙古鄂温克族自治旗。但是,鄂温克人的祖先生活在贝加尔湖以东和黑龙江上游石勒喀河一带的山林中,他们的族源,可以追溯到南北朝时期活动在外兴安岭地区的室韦部落。大约唐以后,他们向东发展,其中一支来到黑龙江上游雅克萨(今俄罗斯阿尔巴津)一带,明代文献中描述鄂温克人是"乘鹿出入"的"北山野人",其被认为是鄂温克与鄂伦春人的直接祖先。清代文献中的“索伦部”，广义包括达斡尔族、鄂伦春族和鄂温克族，专指则是鄂温克族。此外，称为“索伦别部”的“喀穆尼堪”，也指鄂温克的一支。早在沙俄侵入黑龙江流域之前，上述各部的鄂温克居民都已归附于女真人的政权。1636 年皇太极改国号为清以后，清廷将鄂温克族以氏族为单位编成“佐”，选拔了佐领等官，每年向清朝进贡貂皮。17 世纪中叶，由于沙俄的侵略，清朝将鄂温克族迁到大兴安岭嫩江流域居住，并将其编入八旗。1732 年(雍正九年)清朝抽调其中 1600 多名鄂温克族兵丁，携带家属迁至呼伦贝尔草原，驻守边防，其后代即现在居于鄂温克族自治县的鄂温克族。鄂温克族是中国唯一饲养驯鹿的民族，驯鹿善于穿越森林和沼泽地，是狩猎鄂温克猎人的主要生产和交通运输工具，他们除祭祀与饥荒外不杀死自己的驯鹿，而是通过狩猎野驯鹿与养奶牛获得蛋白质。

右岸的伴侣——小兴安岭

大兴安岭的东北侧毗邻小兴安岭，两条山岭的北麓相连，并呈现约 45°的夹角。小兴安岭也称东兴安岭，山脉走向从西北向东南，山势低缓，海拔平均在 600～1000 米，宽 100 千米左右，长约 400 千米。小兴安岭是黑龙江干流和嫩江流域的分水岭，并将北部黑龙江中游地区与松嫩平原

小兴安岭的云海

分隔开。小兴安岭两侧不对称，西南坡缓长，东北坡陡短。小兴安岭属北温带大陆性季风气候区。四季分明，冬季严寒、干燥而漫长；春季回暖快；夏季温热湿润；秋季短暂、降温迅速。年平均气温为－1℃至1℃，最冷为1月份，气温为－20℃至－25℃；最热为7月份，气温为20℃至21℃，降雨集中在夏季。小兴安岭有世界面积最大的红松原始林，被誉为"红松故乡"。林区四季分明的气候特点造就了各有特色的四时景观：春天的雪中蓓蕾、夏季的苍翠松枝、秋日的五彩山花、隆冬的林海雪原。四季带给你不同的景象，就是每一天、每一时都是气象万千，令人心潮起伏：晨观拱北云海，夕望卧虎日暮。雨后天晴，整个大山都淹没在滚滚雾海之中，墨绿的山脊浮隐在一片云蒸霞蔚之中，蔚为壮观。

黑河夜景

黑河市临近蒙古高原，境内又有小兴安岭山脉纵贯南北，寒冷是黑河地区气候主要特征，全区年平均气温为－1.3℃至0.4℃。1月最冷，平均气温为－25.4℃至23.8℃。1980年1月还观测到－48.1℃的极端最低气温记录。黑河是别具北国特色的绿色净土观光带，拥有冰雪和森林两大资源。其中位于黑河西南方向约230千米的五大连池天然火山群更是闻名遐迩，是中国著名的火山游览胜地。风景区内坐落着14座火山，古火山形成于203万年、90万年、60万年及19万年历史时期，而新期火山则形成于1719

年，据《黑龙江外记》记述："墨尔根东南，一日地中忽出火，石块飞腾，声震四野，越数日火熄，其地遂成池沼。"1720 年，老黑山和火烧山又再度爆发。火山岩浆堵塞黑龙江流域讷谟尔河的一条支流的河道，形成了五个互相连通的熔岩堰塞湖，故名五大连池。五大连池矿泉水是世界三大冷泉之一，有铁硅质、镁钙型重碳酸低温冷矿泉水，天然含汽，可饮可浴，健身治病；还有偏硅酸、氡等类型矿泉水。五大连池有纯净的天然氧吧、独特的火山全磁环境、特效的药性洗泉、灵验的药用矿化离子水、神奇的火山岩太阳能理疗场等。中国火山学家刘嘉麒教授评价说：五大连池风景名胜区融山、水、岩、泉为一体，是中国火山地貌景观最丰富、最精彩、历史记载最详尽、研究程度很高的最新火山区，堪称火山博物馆。

南格拉球山的火山湖

五大连池的美就在于它的山秀、石怪、水幽和泉奇。山秀，是指那些景观秀美的火山，特别是火山群。在五大连池的周围环绕着 14 座互不相连的火山，14 座火山中有老期火山 12 座。老黑山是一定要去的景点，也是花钱比较值的一个地方，它是 14 座火山中最高的一座。山势高耸，海拔 515.9 米，山林多由黑色浮石组成，因称"老黑山"。当你爬到山顶时，沿着火山口周围有人行步道，俯视火山口底令人望而生畏。火烧山由红色、黑色火渣块和浮石组成，火山口似烈火烧过的破锅，因此称"火烧山”。山体规模较老黑山小，植被很少，海拔 390 米。到了火烧山顶的时候能看见大面积的火山“喷气锥”群，喷气锥是世界上最珍贵的火山喷发遗留景观，它是火山喷发时由于气体上升导致熔岩层层堆积而成的。火

老黑山的火山口

烧山区还有大量的火山熔岩“微地貌”，即象形石，形象十分生动也非常的奇特。水幽，是说五大连池的水清净如碧水映蓝天，当太阳直射时，池水清澈见底，有“众山环抱翠湖清”的美称。五大连池的形成就是当年火山口喷溢出来的熔岩以其排山倒海之势冲向低洼的河床，于是河道被截成五个串珠状的湖泊。据说，五个池子的水各有千秋，特别是阳光普照的春季，湖水的颜色有黄、橙、绿、蓝、白之分，且深浅不一。泉奇，凡是来过五大连池的人，恐怕无一不喝过这里的泉水。五大连池的泉水富含钠、钾、铁、镁等离子和多种微量元素及二氧化碳气体，喝进一口，既杀口，又清爽。药泉山下的名泉不止一处，其较有名的有南泉、北泉等。如果去北药泉，在那可以品尝到矿泉水，有一股铁锈味，但里面还有长寿园、益身亭、药泉湖、药泉瀑布、芦苇熔岩台地，虽然不是很好玩，但是也应该去看看，品尝一下独特的泉水。泉址附近，用盆泡脚或躺在椅子上，把头泡在水中的人不足为怪。南泉上游约 500 米处的泉叫北泉，在二龙山下还有一处名泉叫二龙眼，据说用这里的泉水洗眼，两眼会炯炯有神，

并能治眼病。当地人有几个顺口溜:“南泉睡觉,北泉利尿,二龙眼瞎胡闹,翻花泉最有效”“早饮北泉,晚饮南泉”“高血压泡头,低血压泡脚”。看来,当地人早就把泉水当作有病治病,无病健身的“圣水”了。在地下冰河和地下冰洞,虽然是夏天,但是洞里温度很低,常年是冰,加上里面的灯光,很漂亮。如果穿着短袖,只怕会坚持不住。药泉山是五大连池海拔最低的一座,位于药泉山风景区南端山脚下有一个二泉眼,泉水是从石桥上的一个石雕大龙头的嘴中流出,在大龙头的两侧还有两个小龙头,从三个龙头中淌出的泉水构成了一个微型瀑布。五大连池有著名的矿泉鱼、矿泉蛋和矿泉豆腐。

五大连池的泉水

五大连池西北约90千米有嫩江县。嫩江县位于嫩江东岸,因嫩江而得名。嫩江县城旧称墨尔根,意思是“善射”,即“善于打猎的人”。嫩江县位于世界著名的三大黑土带,处于亚洲大豆主产区的核心位置,是国家大、小兴安岭生态功能保护区,松花江上游保护区所在地,无污染的嫩江水系纵贯全境。耕地土壤肥沃,是我国大豆种植的黄金地带,具有优良的大豆种植传统。县域内有耕地1200万亩,大豆种植面积达800万亩,大豆年均总产120万吨左右,全部是非转基因大豆,占全国大豆总产量的十分之一，被誉为“中国大豆之乡”。嫩江在县城西侧流过，古称“难水”“脑温江”，清代中期之后改称“嫩江”。嫩江是松花江北源，其发源于大兴安岭伊勒呼里山中段南侧，水流由北向南，流经鄂伦春自治旗、齐齐哈尔市、大安市等 15 个市、县(旗)，沿岸是蒙古、满、朝鲜、鄂伦春、鄂温克、达斡尔等少数民族的聚居地，是重要的工农业重地，具有丰富的自然资源。嫩江在吉林省松原市三岔河附近与发源于长白山天池的第二松花江汇流。从河源到三岔河口，全长 1370 千米，干流长 975 千米，流域面积 282748 平方千米。嫩江像一条从大、小兴安岭之间抛出的银色飘带，在松嫩平原上翩翩起舞。

嫩江依其地形、地貌和河谷特征，分为上游、中游、下游三段。嫩江镇以上为上游，具有山地河流性质，河谷狭窄，河流坡降大，水流湍急，水面宽约 100－200 米，河床为卵石及沙砾组成，有多年冻土带分布。嫩江镇至布西为中游，相继有支流汇入，水量增大，河谷宽度可达 5－10 千米，在嫩江县城 4 千米，右岸有甘河汇入。由嫩江县城到内蒙古的尼尔基镇为中游段，是山地到平原的过渡地带，多低山丘陵，江道长 122 千米。两岸多低山丘陵，地势较上游段平坦，两岸不对称，左岸河谷很宽。尼尔基镇附近的嫩江干流上是著名的尼尔基水利枢纽，其以防洪、城镇生活和工农业供水为主，结合发电，兼有改善下游航运和水环境，并为松辽地区水资源的优化配置创造条件的大型控制性工程。大坝总长 7265.553 米，最大坝高 40.55 米。其距下游工业重镇齐齐哈尔市约 189 千米，可使齐齐哈尔市防洪标准由 50 年一遇提高到 100 年一遇；尼尔基以下至河口为下游，河水进入广阔的松嫩平原，江道蜿蜒曲折，沙滩、沙洲、江汉多，江道多呈网状，两岸滩地延展很宽，支流众多，水量丰富，江道长 587 千米，最宽处可达 10 余千米，最大水深 7.4 米，滩地上广泛分布着泡沼、湿地和牛轭湖。左岸广大地区基本属于内陆闭流区，有大片沼泽、连环湖和湿洼地。嫩江的多年平均年径流量为 212.56 亿立方米，是松花江水量的主要来源之一。以大气降水为主要补给，并集中于 6－9 月。嫩江上游河流有4个月冰期，江轮可航至齐齐哈尔。

齐齐哈尔市位于嫩江下游东岸，地处松嫩平原腹地，是黑龙江省第二大城市，聚集着汉、蒙古、朝鲜、满、回、达斡尔、鄂温克、鄂伦春、柯尔克孜、锡伯等35个民族，人口570万(市区143.9万)。齐齐哈尔之名是汉语的音译，其由来可追溯到多个民族，这从一个侧面反映出这一地区是多民族聚居的特点。早在辽代，契丹人在这里建济沁哈日要塞，“齐齐”是济沁的谐音，因济沁河而得名；“哈尔”是“哈日”谐音，在古契丹语中有阻挡、防守之意，在军事上作为哨卡、哨所解释。清代的齐齐哈尔是达斡尔语“奇奇嘎热”的谐音，含有边疆、边境之意。17世纪中叶，南迁到嫩江流域的达斡尔人称自己是边疆人或边疆来的人，故其所在村屯称为齐齐哈尔。也有人认为齐齐哈尔是蒙古语“里奇嘎热”或满语“哲陈嘎拉”的音转，其含义有边疆、边城和天然牧场之意。1691年拟建齐齐哈尔城时，原定在嫩江右岸的雅尔塞乡的齐齐哈尔屯，后来觉得其与江东驿站隔江相望，交通十分不便，实际将城改建在驿站所在地卜奎屯，城名仍叫齐齐哈尔。于是卜奎也成为齐齐哈尔的俗称。龙沙之称谓是源于清代流戍齐齐哈尔的文人方式济在《望见卜奎城》诗中有“一片沙昏数尺墙”的感慨，后写有《龙沙纪略》用以记述黑龙江的历史地理。而今，齐齐哈尔有扎龙自然保护区，其内有以丹顶鹤为代表的六种鹤类。所以，齐齐哈尔又被誉为丹顶鹤的故乡，“鹤城”之名便随之诞生。清政府为抗击沙俄入侵，清康熙十三年移吉林水师驻齐齐哈尔。清代及民国年间，齐齐哈尔长期为黑龙江将军治所和黑龙江省政

尼尔基水利枢纽

府的所在地，是东三省北部的政治和经济中心。齐齐哈尔市地域平坦，平均海拔 146 米，东部和南部地势低洼。年降水量为 415 毫米，年均温为 3.2℃，1 月均温为－25.7℃，7 月均温为 22.8℃。历史上最高气温发生在 1980 年 6 月 26 日，为 42.1℃，最低气温发生在 1956 年 1 月 8 日，为－39.5℃。齐齐哈尔市属温带大陆性季风气候，四季特点十分明显：春季干旱多风，夏季炎热多雨，秋季短暂霜早，冬季干冷漫长。齐齐哈尔南部属温暖干旱农业气候区，中部属温和半干旱农业气候区，北部属温凉半湿润农业气候区。齐齐哈尔风景秀丽，古迹众多，交通便捷，现已发展成为一座新兴的旅游城市。市区东南 32 千米处是扎龙自然保护区。这里是鹤类的栖息地，因丹顶鹤而闻名于世。

齐齐哈尔扎龙自然保护区的鹤

距嫩江三岔河口的西南方约 35 千米有查干湖。查干湖又名查干淖尔，其为蒙语，意为白色的湖。天然湖面约 230 平方千米，平均水深 2.5 米，最深达 6 米，湖周长 104.5 千米，东西长约 38 千米，南北宽约 16 千米，最大蓄水量 4.15 亿立方米。查干湖水产丰富，盛产鳙鱼、鲤鱼、鲢鱼、鲫鱼等 15 科 68 种鱼类和虾类等水产资源，同时还是候鸟的主要栖息地。查干湖四周环境优美，景色秀丽，风光迷人，自古就是野生动物的天堂，鸟类的乐园。查干湖渔猎文化具有悠久的历史，源于史前，盛于辽金。

查干湖水草丰美,雁鸭栖集。辽代自圣宗起,直至天祚皇帝,每年都到这里春猎、凿冰捕鱼,举行隆重的“头鱼宴”“头鹅宴”。因冬季捕的鱼易保存、运输和加工,所以冬季是北方捕鱼、吃鱼的黄金季节。直至今日,查干湖一直延续着这一古老的冬捕方式。

查干湖冬捕选在每年冬季12月中旬到次年1月下旬(春节前)之间。渔民们在喧闹的鼓乐声和炸响的鞭炮声中忙碌着。在查干湖广阔的冰面上,寒风刺骨,几十名渔工,头戴狗皮帽,身穿羊皮袄,紧张地进行捕鱼作业,4米厚的冰层上,每隔200米就有一个冰眼儿,一位渔工正在用绞盘拉动冰下的钢丝,一台四轮车将网绳紧紧地拽住。捕鱼的原理是:渔把头选定“窝子”,把渔网放下,经过穿网机牵引,在距离1500米外的出网点出冰。冰下的网面呈圆弧形,两边同时进行,同时到达,最后形成一个包围圈。苦等40分钟后,在渔把头选定的出网口位置,渔工们用拖拉机拉动绞盘,牵引着钢丝转动,把事先下好的网一点点拉出冰面,800多米长的大网一点点从冰窟中跃出。两旁的渔民手持挠钩期待着万尾鲜鱼出“玉门”的壮观场面。一会儿的工夫,一条又一条的“胖头”、鲤鱼、鲫鱼、鲶鱼、草鱼争相跃出冰洞,转眼之间就在湖面上码起一个个高高的鱼垛。渔民脸上挂着丰收的喜悦;游人带着惊奇的目光,这样壮丽的自然

查干湖冬季捕鱼,开始收网

场面也只有在查干湖冬捕期间才能看到。头鱼拍卖更是热闹，一条鱼能卖到上万元。据说吃头鱼能带来好运。鲜鱼产量可达100余万千克，2001年单网最高产量达到13万千克，数九寒天，近千人冰上作业，几十辆机动车昼夜运输，每天数万斤鲜鱼脱冰而出，其规模堪称全国之最，世界奇观。

渔民的收获

嫩江在三岔河口与南来的第二松花江合流。第二松花江又称西流松花江，被认为是松花江的正源。其全长795千米，流域面积7.8万平方千米，占松花江流域总面积的14.33%。它供给松花江39%的水量。第二松花江上源称为二道白河，出自长白山天池。

神秘的家园——长白山

广义的长白山是指中国辽宁、吉林、黑龙江三省东部山地的总称。北起三江平原南侧，南延至辽东半岛与千山相接，包括完达山、老爷岭、张广才岭、吉林哈达岭等平行的断块山地，海拔多在800米到1500米，以中段长白山最高，向南、北逐渐降低，为松花江、乌苏里江的发源地。森林茂密，林间有稀有动物和名贵药材。其中人参、貂皮、鹿茸被称为“东北三宝”，享誉中外。狭义的长白山指吉林省东部与朝鲜交界的山地，为东北山地最高部分。由粗面岩组成，夏季白岩裸露，冬季白雪皑皑，终年常白，系多次火山喷发而成。

远望长白山

长白山天池

长白山是一座休眠火山。据史料记载，自 1597 年以来，长白山火山曾有过三次小规模的间歇式活动。第一次喷发是在 1597 年 8 月 26 日（明万历二十五年）。据目击者记载，当时有“放炮之声，仰见则烟气张天，大如数搂之石，随烟折出，飞过大山后不知去处”。第二次喷发是在 1668 年（清康熙七年），长白山区下了一场“雨灰”（即火山灰）。第三次喷发是在 1702 年 4 月 14 日(清康熙四十一年)。据史料记载:“午时,天地忽然晦暝,时或赤黄,有同烟焰,腥臭满室,若在烘炉中,人不堪重热。四更后消止,而至朝视之,则遍野雨灰,恰似焚蛤壳者”“同月同日,稍晚后,烟雾云气,忽自西北,地昏暗,腥臭袭人之衣裙”。又据《长白山江冈志略》记载,长白山附近有“炭崖”,“崖底出木炭甚多,猎者每拾以为炊,土人因其出于地中,故以神炭呼之,过此拾有数块,燃之以烤鹿脯,与寻常木炭无异。但以两丈深之土崖,能产木炭,大者拱把,小者一握”。

长白山天池是长白山最著名的风景区。长白山天池是火山喷发自然形成的我国最大的火山口湖,因为它所处的位置高,水面海拔达 2150 米,所以被称为“天池”。长白山天池是中国最深的湖泊,为 1702 年火山喷发后的火山口积水而成。当火山爆发喷射出大量熔岩之后,火山口处形成盆状,经年累月,积水成湖,便成了现在的天池。而火山喷发出来的熔岩物质则堆积在火山口周围,成了屹立在四周的 16 座山峰,其中 7 座在朝鲜境内,9 座在我国境内。这 9 座山峰各具特点,形成奇异的景观。天池高踞于长白山主峰白头山(海拔 2691 米,为东北最高峰的山)之巅,为中朝两国界湖。天池呈椭圆形,周围长约 13 千米,它南北长 485 千米,东西宽 335 千米,湖面面积 10 平方千米,海拔 2194 米,平均水深 204 米。据说中心深处达 373 米。在天池周围环绕着 16 个山峰,天池犹如是镶在群峰之中的一块碧玉。这里经常是云雾弥漫,瞬间风雨雾霭,宛若缥缈仙境。因此,并不是所有的游人都能看到她真容。天池蓄水 20 亿立方米,是一个巨大的天然水库,天池的水一是来自大自然降水,也就是靠雨水和雪水,二是地下泉水。天池湖水深幽清澈,像一块瑰丽的碧玉镶嵌在群山环绕之中,晴朗时,峰影云朵倒映碧池之中,色彩缤纷,景色诱人,使人如临仙境。天池周围还有小天池镜湖、长白温泉带等诸多胜景。天池的水从一个小缺口上溢出来,流出约 1000 多米,从悬崖上往下泻,就成著名的长白山大瀑布。天池旁边有一个小天池,又叫长白湖,水也是碧蓝的。在树林间的岳桦瀑布和在半山腰的梯云瀑布,规模也不小。此外，在长白瀑布不远处有长白温泉，这是一个分布面积达1000平方米的温泉群，共有13眼向外涌水。史料记载天池水"冬无冰，夏无萍"，夏无萍是真，冬无冰却不尽然，冬季冰层一般厚1.2米，且结冰期长达六七个月。不过，天池内还有温泉多处，形成几条温泉带，长150米，宽30～40米，水温常保持在42℃，隆冬时节热气腾腾，冰消雪融，故有人又将天池叫温凉泊。

长白山的溪流和瀑布

长白山上流下多条河水，其中二道白河源出长白山天池，是松花江的正源。以二道白河为源，松花江长为1897千米。二道白河地区位于延边朝鲜族自治州安图县的南部，地处长白山的北坡，境内森林密布，整个地域呈东南向西北走向的狭长条形，南与朝鲜隔江相望。一道白河地区为平均海拔800米，气候冬季寒冷夏季凉爽。二道白河镇大约在白头山天池的正北方，距长白山核心景观35千米，因而有"长白山第一镇"之美称。二道白河之下称二道江，其与南来的头道江在吉林靖宇县两江口相汇以后称第二松花江。靖宇县得名于抗日民族英雄杨靖宇将军。1941年2月23日，杨靖宇被日伪军包围在当时蒙江县的山中，只身与敌军枪战，以身殉国。1946年2月14日，为纪念杨靖宇为民族解放所建立的功勋，改蒙江县为靖宇县。靖宇县为第二松花江干流的起点。

靖宇县杨靖宇将军烈士陵园，纪念碑上
铭刻“人民英雄杨靖宇同志永垂不朽”

第二松花江也称西流松花江，其在魏时称速末水，隋唐时称粟末水，元时称松阿里河或混同江，明时称松花河，清称松阿里乌拉，民国以后仍称松花江。1902年至1904年，沙皇俄国勘测了松花江河道，提出嫩江汇流处（三岔口）以上的河段改称第二松花江，三岔口以下的河段改称第一松花江。1939年伪满洲国交通部公布河流名称时，把松花江的两江口（靖宇县）至嫩江汇流处称为“第二松花江”，把三岔河口以下河段称松花江。此名称一直延续到新中国建立之后。西流松花江干支流流经吉林省的安图、敦化、吉林、长春、扶余等26个市、县，河流总长958千米，流域面积约7.34万平方千米。整个流域地势东南高、西北低，江道由东南流向西北。流域年平均降水量比较充沛，水资源较丰富。根据松花江地貌，大致分为4段，即河源段、上游江段、丘陵区江段和下游江段。从源头到二道江与头道江会合的两江口，为河源段。河道长约255千米，整个江段位于长白山山地。全江段山岭连绵，森林茂密，植被良好，河谷狭窄，江道弯曲，河底为石质，有岩坎、暗礁和深潭。从两江口到丰满电站坝址，为西流松花江的上游江段，长约208千米，河谷呈“V”形，山高河陡，水能开发潜力巨大，已建有梯级水电站白山、红石和丰满电站。从丰满电站坝址到沐石河口，为西流松花江的丘陵区江段，长190.7千米，两岸丘陵海拔300～500米。较大支流位于左岸，呈不对称的河网形，两岸河谷宽阔，是主要农业区。由沐石河口到三岔河河口，是下游江段，江道长170.9千米，区间江道较宽，沿岸多沙丘，河道中汊河、串沟和江心洲岛较多，江心岛上丛生柳条杂草。

白山水电站大坝

位于第二松花江上游桦甸市白山镇的白山水电站是东北地区最大的水电站。1981年11月正式建厂。主厂房高54米，容纳了五台单机容量约为30万千瓦的立轴混流式水轮发电机组。总装机容量170万千瓦，年发电量20.37亿千瓦时，通过220千伏输电线路送往东北电网。大坝为三心圆混凝土重力拱坝，最大坝高149.5米，坝顶弧长676.5米，白山水库最大蓄水量64亿立方米。白山水电站是第二松花江梯级电站的最上一级水电站，下距红石水电站40千米，距丰满水电站250千米，距吉林市约300千米。白山水电站是一个以发电为主，兼有防洪、防凌、水产养殖等综合效益的大型骨干电站，是东北电力系统主要调峰、调频和事故备用电源。

丰满水电站位于吉林市区内，是我国第一座大型水力发电站，1937年日本占据东北时初建，至1945年日本战败撤退时，完成土建工程89%，机组安装工程完成50%。原计划装机8台各7万千伏安，2台厂用

丰满水电站

机组各1500千伏安，共计装机容量56.3万千伏安；还留有2个压力钢管，可再扩装2台机组。1943年开始发电，至1944年已安装好4台大机组和2台小机组，其余2台大机组在安装中，还有2台大机组的部分设备也已到货。其中3台大机组和2台小机组的水轮机由瑞士爱雪维斯公司供应，配装美国西屋电气公司的发电机；另3台大机组的水轮机由德国伏伊特公司供应，配装德国通用电气公司的发电机；还有2台大机组由日本的日立制作所仿造。日本投降时先由苏联红军接管，拆走了几台机组。后来我国接收时，还剩下2台大机组和2台小机组，合计14.3万千伏安，相当于13.25万千瓦。建国后经政府大力修复并加以改建，成为东北电网的主力电厂。1988年，二期扩建工程上马后共安装10台机组，总装机容量72万千瓦，三期扩建工程完工后，总装机容量达100万千瓦。丰满大坝全长1080米。左侧为溢流坝段，为孔口式溢流堰，堰顶高程252.5米，有11个孔，各宽12米、高6米。设计泄洪量9020立方米/秒。丰满水电站坝高91米，使湖水形成67米的落差，飞流直下，如白练悬挂，喷珠溅玉，十分壮观。坝上的松花湖，即电站水库，建成初期号称东亚最大人工湖，是发电、防洪、灌溉、航运、养殖、城市用水、旅游风景区等等综合利用的水利枢纽。

松花湖秋色

松花湖在吉林市的东南，距市中心24千米。是拦截松花江水建设丰满水电站，叠坝成湖形成的。它水域辽阔，湖汊繁多，状如蛟龙。湖形呈狭长形，如坐飞机俯瞰，松花湖像一串闪光的珍珠。这串“珍珠”长200千米，最宽的地方10千米，最深处是75米。湖区面积500平方千米，最大蓄水量108亿立方米。荡舟湖上，登临北山，松花湖以得天独厚的地理位置，四季分明的气候条件，明媚秀丽的湖光山色吸引了大量国内外游客。松花湖的鱼产很丰富，有白鱼、鲤子、白鲢等，其中白鱼鱼体扁长，肉质鲜美，被誉为松花湖的无上佳品，自古以来就是款待宾客的必备佳肴。

吉林市松花江边的雾凇景观

松花湖大坝西北约15千米处就是吉林市市区。冬季的吉林市气温在-20℃以下，而穿城而过的松花江水，居然可在冬日严寒时同样奔流不息。其根源在于丰满电站。湖水通过水电站发电机组后，温度有所升高，江水载着巨大的热能顺流而下，于是就形成了几十千米江面严寒不冻的奇特景观，同时也具备了形成雾凇的两个必要而又相互矛盾的自然条件：足够的低温和充分的水汽。松花湖大坝底部丰满水电站水闸放出来的湖水却在4℃。这样大的温差使得湖水刚一出闸，就如开锅般地腾起浓雾。在一定气压、温度、风向等条件作用下，江面升起的雾气遇冷在江畔的垂柳上凝成了罕见的雾凇景观。每当雾凇来临，吉林市松花江岸十里长堤"忽如一夜春风来，千树万树梨花开"，柳树结银花，松树绽银菊，把人们带进如诗如画的仙境。吉林市是吉林省第二大城市，位于吉林省中部。气候属于温带大陆性季风气候，四季分明。春季干旱少雨，夏季温热多雨，秋季凉爽多晴，冬季寒冷多雪。吉林市原名"吉林乌拉"，古代满人居住地。满语的意思是"沿江的城池"。环绕的群山和回转的松花江水，使吉林市形成"四面青山三面水，一城山色半城江"的天然美景。因康熙皇帝东巡所作《松花江放船歌》有"连樯接舰屯江城"之句，故吉林市又有"江城"之称。

江水在长春平原附近转向西北，这里有伊通河汇入，其上游在长春市穿城而过。长春市是中国汽车工业和电影业的摇篮，是林木覆盖率最高的城市之一。清政府嘉庆五年(1800年)于新立城设"长春厅"，此为长春前身。因长春地处东北三省中心位置，且具有优良的地理和气候条件，伪满洲国时期，长春被定为首都，称新京，长春因此而得到巨大的发展。现今，伪满时期留下的建筑依然是市内的一道风景。

根据松花江干流的地形及河道特性，可分为上、中、下三段，即由三岔河至哈尔滨市为上段，上段迂回在平原上，全长240千米，河宽370～850米，水深4～7米。河道流经松嫩平原的草原、湿地。哈尔滨市至佳木斯市是松花江干流中段，两岸为小兴安岭和张广才岭的低山丘陵区，河道狭窄，多浅滩，最窄处为200米左右，浅滩水深1.5米左右，河道

长春伪满洲国国务院旧址

长 432 千米，穿行于断崖、低丘和草地之间。由哈尔滨市至通河，江道比较平缓，江道进入长达 130 千米的低山丘陵地带。自通河县下行约 70 千米，进入干流上有名的“三姓”浅滩区，浅滩区长约 27 千米，江道水面宽 1.5～2.0 千米。中、低水时期水深只有 1 米多，枯水时水深降至 1 米以下，流速只有每秒 1 米。航运水路宽 500～600 米，江道中多岛屿和沙洲，并有暗礁，且有多处岩石突露水面，为松花江上有名的碍航江段。过了“三姓”浅滩区，本河段水面逐渐展阔，水深也逐渐加大。佳木斯市市区附近，松花江干流较顺直，主槽宽 800～1300 米，水深 8～11 米。由佳木斯至同江是松花江干流下段，全长 267 千米，穿行于三江平原地区，两岸为冲积平原，地势平坦，杂草丛生，河道和滩地比较开阔，水道歧流纵横，河宽 1500～3000 米，水深 2～3 米。哈尔滨以下可通航较大客货轮。江道中浅滩很多。松花江干流在同江县城东北注入黑龙江，整个下游河段，地势低平，历来是防洪重点地区之一。

松花江流域地处北温带季风气候区，大陆性气候特点非常明显，冬季寒冷漫长，夏季炎热多雨，春季干燥多风，秋季很短，年内温差较大，年内 7 月温度最高，日平均可达 20－25℃，最高曾达 40℃以上；1 月温度最低，月平均气温－20℃以下，最低气温嫩江扎兰屯附近曾达－42.6℃。松花江干流以雨水补给为主。季节变化明显，7－8 月径流量占全年总径流量

松嫩平原航拍

的 40%,10 月至次年 4 月为枯水期,径流量仅占总径流量的 15%。从 11 月中旬至次年 4 月中旬,结冰期 140 天,最大冰厚 1 米,可通行汽车。松花江水系发达,支流众多,流域内一大特点是湖泊沼泡较多,大小湖泊共有 600 多个。这些湖泊大部分在松花江中游、嫩江下游,如镜泊湖、月亮泡、向海泡等,这些湖泊对调节和滞蓄洪水,可以起到一定的作用。

松嫩平原由松花江水系冲积而成,是中国著名的"黑土地之乡",盛产大豆、小麦、玉米、甜菜、亚麻、马铃薯等,其南部地处世界著名的"黄金玉米带",是国家大型商品粮和油料基地,有耕地 210 万公顷,年产粮食达到 334 亿斤左右。其中榆树、农安、扶余、前郭和长岭是国家产粮大县。松花江也是中国东北地区的一个大淡水鱼场,江中盛产鱼类,以松花江鳌花、鳊花、鲌花等驰名。此外,平原草场集中,畜牧业发达,地下石油资源丰富。松花江流域范围内山岭重叠,满布原始森林,蓄积在大兴安岭、小兴安岭、长白山等山脉上的木材,是中国面积最大的森林区。矿产蕴藏量极其丰富,除主要的煤外,还有金、铜、铁等。因此,松花江虽然是黑龙江的支流,但对东北地区的工农业生产、内河航运、人民生活等方面的经济和社会意义都超过了黑龙江和东北其他河流。

哈尔滨位于松花江中游南岸,松嫩平原东南缘。哈尔滨地势平坦,平均海拔151米。山地占34%，丘陵占20.7%，平原占45.3%。哈尔滨属中温带大陆性季风气候。冬季漫长且严寒多雪；夏季短促而凉爽宜人，是著名的避暑城市。年降雨量523毫米，1月均温－18.4℃，7月均温23℃。哈尔滨是黑龙江省的省会，东北地区北部的政治、经济、文化和交通中心，中国东北地区第一大内河港口。是中国著名的历史文化名城和旅游城市，有“冰城”、“东方小莫斯科”等美誉。

哈尔滨中央大街夜景

提起哈尔滨自然就会想起太阳岛和冰灯。太阳岛风景区坐落在哈尔滨市松花江北岸，与繁华的市区隔水相望，是全国著名的旅游避暑胜地。总面积为88平方千米，其中规划面积为38平方千米，外围保护区面积为50平方千米，是江漫滩湿地草原型风景名胜区。年接待游人约100万人次。太阳岛是从满语“圆鳊花鱼”的音译演变而来，即太阳岛的“太阳”是“鳊花鱼”之意。20世纪初随着中东铁路的兴建，许多外国侨民相继来到哈尔滨。他们发现地势高低起伏、河道纵横如网的太阳岛是一个避暑的好地方，于是纷纷到这里修建别墅。这些侨民携带家眷，在此野餐、野游、野浴。这些充满异国情调的生活习俗，成为太阳岛乃至整个哈尔滨特有的一种文化现象，被称为太阳岛早期的“三野”风情。这些习俗和风情甚至一直影响到今天哈尔滨市民的普通生活。1979年，著名歌唱家郑绪岚一曲《太阳岛上》更使太阳岛名扬海内外。

哈尔滨是中国冰雪艺术的摇篮，哈尔滨冰灯驰名中外，饮誉华夏。哈尔滨冰灯游园会已成为大型室外露天冰灯艺术展。哈尔滨冰灯游园会创办于1963年2月，每年冬天在兆麟公园举行，占地面积6.5公顷，用冰量约

2000立方米，冰景作品1500件左右。每年从1月5日开始，一直延续到2月末。冰灯游园会气魄宏伟、景观迷人。哈尔滨的艺术家们用松花江原生冰进行创作，雕塑出千姿百态的冰雕艺术作品，再辅以现代科技手段，便构成了独具北国特色的冰灯艺术。在占地6万多平方米的场地上，展出千余个景点，在艺术家和能工巧匠手下，松花江上取来的天然冰变成了一件灵气活现的精美艺术品，变成了冰奇灯巧、玉砌银镶的冰的世界、灯的海洋。冰灯艺术年年有新变化，被人们称为“永不重复的童话”。

哈尔滨冰灯

依兰县地处黑龙江省三江平原西部，西距哈尔滨市251千米，东距佳木斯76千米。依兰县属温带大陆性季风气候，四季分明，气候差异很大，年均气温在2.6—3.1℃，无霜期137天，年降水量600毫米，适于水稻和大豆生长。依兰县历史悠久，上溯到金代，这里是北宋徽、钦二帝“坐井观天”的囚禁之地。清代在此设三姓副都统衙门，又称“三姓”，是满清发祥地之一。东南来的牡丹江在此汇入松花江。牡丹江是松花江中游的最大支流，发源于吉林省境内长白山北麓的牡丹岭，流经吉林省敦化、蛟河两县后，经黑龙江省宁安、牡丹江、海林、林口、依兰等5县市，在依兰县城附近注入松花江，全长726千米，流域面积3.7万平方千米。镜泊湖以上为上游，江水由南部进入镜泊湖，在湖的北部出口处形成落差20米的瀑布。镜泊湖不但可以调节汛期的洪峰，而且是著名的旅游风景区。从镜泊湖到牡丹江市为中游，从牡丹江市至长江屯为下游。牡丹江中游段流经玄武岩台地，两岸地形低缓、河谷较宽；上游和下游均流经山区，河谷狭窄，水流湍急，支流短小，河中有礁石。直至长江屯以下河流进入宽阔的河谷平原，在依兰县附近，山谷骤然开阔，水流蜿蜒，分汊较多，有河中岛出现。

镜泊湖吊水楼瀑布

镜泊湖是5000年前经多次火山喷发，熔岩阻塞牡丹江古河床而成的火山熔岩堰塞湖，是中国最大的典型熔岩堰塞湖，世界第二大高山堰塞湖，著名旅游、避暑和疗养胜地。历史上有“忽汗海”等名称，至明代始称镜泊湖。湖水南浅北深，湖面海拔350米，最深处超过60米，最浅处则只有1米；湖形狭长，南北长45千米，东西最宽处6千米，面积约91.5平方千米。镜泊湖分为北湖、中湖、南湖和上湖四个湖区，由西南向东北走向，蜿蜒曲折呈S状。沿湖两岸有“外八景”等众多天然景点。镜泊湖一年四季都有着各自独特分明的景色。春天，满山达子香，满湖杏花水；夏天，绿荫遮湖畔，轻舟逐浪欢；秋天，五花山色美，果甜鱼更肥；冬天，万树银花开，晶莹透琼台。

镜泊湖东北约80千米有宁安市，其附近有清代宁古塔城的遗址。宁古塔并没有塔，满语称“六”为“宁古”，称“个”为“塔”。相传，清皇族的远祖有兄弟六个，曾居住在这里。宁古塔有新旧二城，新城在今黑龙江省宁安市，旧城在今海林市西南。《盛京通志》中记载：宁古塔旧城东门外三里，有树林，名为觉罗，被视为努尔哈赤祖龙兴之地；此去至城东、北、西近城皆平原，遍植玫瑰，每至每年五月初盛开，一片花海，景致极为美丽怡人。吴振臣称“宁古山川土地，俱极肥饶，故物产之美，鲜食之外，虽山蔬野蔌，无不佳者。皆无所属，任人自取”。方拱干称宁古风俗“臻无为之治”“道不拾遗物，物遗则拾之置于公，俟失者往认焉”。吴振臣《宁古塔纪略》亦称：“大率信义为重，路不拾遗，颇有古风”。杨宾在《宁古塔杂诗》上说：“石矶围平野，河流抱浅沙。土城惟半壁，茅屋有千家。泣月天边雁，悲风塞上笳。老亲忠信在，不减住中华。”当地满族人采集花瓣，制作“玫瑰糖”及香水成为特产。宁古塔的冬季寒冷而漫长，清初主要作为牧场及流放囚犯的地方，例如郑成功之父郑芝龙，就被流放到此地，一说被处死于此。吴兆骞因丁酉科场案，被发配到宁古塔。后经友人相救，纳资赎归，前后历经23年。吴兆骞在给其母的信中说：“宁古寒苦天下所无，自春初到四月中旬，大风如雷鸣电激咫尺皆迷，五月至七月阴雨接连，八月中旬即下大雪，九月初河水尽冻。雪水到地即成坚冰，一望千里皆茫茫白雪。”17世纪中叶，俄国哥萨克侵扰黑龙江流域，清朝多次由此地派兵征讨，皇太极在宁古塔城设置将军治所和兵站作为行政和军事枢纽。

松花江流过佳木斯市，就进入到三江平原地区。江水蜿蜒在湿地和沼泽间，裹挟着大量的泥沙。在同江市的三江口，黑龙江水与松花江水并行在河道中，北侧是黑色的黑龙江，南侧是黄色的松花江。两股江水汹涌澎湃，水色分明，东流数十里不混，景象壮观。这一段江水也被称为“混同江”，河段长度为102千米，水面宽度1200米。两江汇合后水势骤增，江面开阔，放眼望去，水天一色，浪涛光涌，气象万千。站在三江口岸边放眼远眺，江中的小岛在茫茫的水波中时隐时现，使人有如临仙境，虚

同江市三江口，松花江汇入黑龙江。其后面的江水颜色分为两股，靠近中国的为黄色，靠近俄国的为黑色

无缥缈之感。人们常说："黄河之水天上来"，或许松花江水更无愧于从天上来吧。松花江是满语"松阿察里乌拉"的转译，就是"天河"的意思。松花江恰如从九天泻落的天河，它宽广而绵长，滋养出一片富饶而又神奇的土地。

同江市位于黑龙江省东北部松花江与黑龙江两江交汇处南岸，总人口 17 万，是赫哲族主要聚居地。同江历史悠久，古名"拉哈苏苏"，赫哲语意为"老屋"。同江三江口以西约 200 千米，就是抚远三角洲。乌苏里江在此汇入黑龙江。

乌苏里江是中华人民共和国与俄罗斯的界河。满语"乌苏里江"意为"东方日出之江"。乌苏里江有东、西两源，东源乌拉河发源于苏联的锡霍特山西侧，乌拉河长 398 千米在俄罗斯境内。西源松阿察河发源于兴凯湖。两河汇合后，由南向北流经密山、虎林、饶河、抚远等县，至抚远三角洲东北角，从右岸注入黑龙江。其中从松阿察河经乌苏里江干流至汇入黑龙江段 492 千米，流域面积 18.7 万平方千米，在中国黑龙江省境内 6.15 万平方千米。乌苏里江江面宽阔，饶河至黑龙江口段可达 500—1000 米，正常水位平均水深 2—5 米。饶河县城西北 20 多千米处有大顶子山，与乌苏里江相映，构成绮丽的山川景色。一曲《乌苏里船歌》使大顶子山和乌苏里江的赫哲族渔民闻名全国。赫哲族很早就生活在乌苏里江和三江平原地区。“船儿满江，鱼满舱，正是对现代赫哲族人劳动生活的真实写照。

乌苏里江珍宝岛

乌苏里江流域人烟稀少，位置得天独厚，森林、草原、沼泽广布，水域宽阔，又处于鸟类迁徙繁殖的重要地带，这就给珍禽异兽提供了栖息、觅食、活动、繁殖的良好场所。所以这一带是虎狼麇集之地，又是雉鸟荟萃的乐园。过去曾有“棒打狍子瓢舀鱼，野鸡飞到饭锅里”之说。每年春天还有成千上万种鸟儿从此经过或到此居住，黑压压地布满了江面，飞翔时遮天蔽日，日过量达几十万只，在岸边、湖泊、湿地、灌丛中的鸟蛋俯拾即是。乌苏里江的水产资源也非常可观，经济鱼类有 80 多种。除有鲤、鲫、鲢、白鱼、鳜鱼外，还有鲟鱼、鳇鱼等。最大的重达千斤，在江中它们像一只只潜艇似的，掀起巨大的浪花。主要特产有大马哈鱼，这种鱼有四五斤重，最大的长达二尺，重达七八千克。身披小圆鳞片，味道鲜美，营养全面，鱼籽晶莹鲜红似玛瑙，是世界名贵鱼类。这种鱼在鱼汛中数量极多，简直达惊人程度，据《黑龙江志稿》记载：每年秋天自海逆水而上，入江驱之不去。如今，大马哈鱼的产量已经大大降低，人们正在研究如何更合理利用渔业资源，使其可持续性的发展。

腾飞的黑龙江

黑龙江流域的文化与中原文化血脉相通，这种密切的关联可以上溯到新石器时代，其表现为，黑龙江流域出土的原始容器多刻有槽型网纹，这与黄河流域仰韶文化和龙山文化的方格网纹有着密切关系。1935年在黑龙江下游苏丘的新石器时代地下小屋遗址中发现的陶器表面刻有曲线的螺旋纹，这和仰韶以及大汶口出土的螺旋纹陶罐存在着明显的传承关系。中原文化对于黑龙江流域的影响体现在另外一个特征中，即玉文化。玉文化是中原文化典型特征。从黑龙江的尼布楚到乌苏里江的海参崴都出土了玉制的斧，这表明中原文明对于黑龙江流域文化的影响。

这些民族并没有就此被隔离开，民族之间的融合从没有间断过。总的趋势是黑龙江流域的民族向中原地区流动。清朝时期，这种融合达到了一个新的高度。但是由于清朝的封禁政策和满洲人的大量入关，黑龙江流域呈现真空状态，其具体表现为，缺乏人口、没有基础设施、不能自给自足。新中国建立后，中央政府对以“北大荒”为重点的黑龙江流域，进行了有组织的开发。从1958年起，北大荒进入了大规模开发时期。成建制的解放军复员官兵、城市知识青年和革命干部，响应党和国家的号召，怀着保卫边疆、建设边疆的豪情壮志来到“北大荒”。他们爬冰卧雪，排干沼泽，开垦荒原，建立了许多国营农场和军垦农场，为国家生产了大量的粮食，把过去人迹罕至的“北大荒”，建设成为了美丽富饶的“北大仓”，成为我国现代化程度最高、商品率最高的商品粮生产基地，谱写了“北大荒”开发史上灿烂辉煌的一页。数以万计的年轻人为这片黑色的沃土付出了青春和鲜血。这种短时期内的大规模人口调动，有其深远的战略意义。从此，黑龙江流域的人口构成以中国人为主，其中汉人占绝大多数。今天的黑龙江流域再也不是关外的荒蛮之地，随着东北三省的经济和文化的快速发展，其对于东北亚的影响力也将与日俱增。

中国南部的纽带——珠江

庞大的珠江水系

珠江是岭南地区的最大河流，流域覆盖中国南部六省及越南的东北部，流域面积453690平方千米，其中我国境内面积442100平方千米。珠江流域北邻五岭，南到南海，西靠云贵高原，中部为丘陵、盆地相间，东南部为冲积平原，地势西北高，东南低。珠江流域地处亚热带，北回归线穿过中部，气候温和多雨，年平均温度在14～22℃之间。

珠江是一个复合型的水系，由西江、北江、东江及珠江三角洲诸河等四个水系所组成。主流西江发源于云南省曲靖市境内的马雄山，在广东省珠海市的磨刀门注入南海，全长2214千米。西江由南盘江、红水河、黔江、浔江及西江等河段所组成，主要支流有北盘江、柳江、郁江、桂江及贺江等。思贤窖以上河长2075千米，流域面积353120平方千米，占珠江流域面积的77.8%。北江发源于江西省信丰县大茅塬，思贤窖以上河长468千米，流域面积46710平方千米，占珠江流域面积的10.3%。主要支流有武水、滃江、连江、绥江等。东江发源于江西省寻乌县桠髻，石龙以上河长520千米，流域面积27040平方千米，占珠江流域面积的5.96%。主要支流有新丰江、西枝江等。东、西、北三江各在入海处冲积成一个小型三角洲，连缀而成珠江三角洲，面积1.13万平方千米。三角洲上河网密布，水流纵横，大小河道百余条。目前各小三角洲的前缘仍以每年约100米的速度向海中发展。

珠江流域年均河川径流总量为3360亿立方米，其中西江2380亿立方米，北江394亿立方米，东江238亿立方米，三角洲348亿立方米。径流年内分配极不均匀，汛期(4～9月)约占年径流总量的80%，每年的暴雨洪水多出现在6、7、8月，这三个月占年径流量的50%以上，流域内各河流水量充沛，河道稳定，具有良好的航运条件，现有通航河道 1088 条，通航总里程 14156 千米，约占全国通航里程的 13%，年货运量仅次于长江而居第二位。珠江水资源丰富，河川径流丰沛，水力资源丰富，全流域可开发的水电装机容量约为 2512 万千瓦，年发电量可达 1168 亿千瓦/时。其中西江的红水河落差集中，流量大，开发条件优越，目前已建成红水河、龙滩、大化等梯级电站。

珠江流域内有滇、黔、桂、粤、湘、赣等六省及港澳地区共 63 个地(州)、市。流域内涵盖有 50 多个民族。主要有汉、壮、苗、瑶、布依等民族，其中以汉族为最多，其次是壮族。

单从地图上看，珠江水系的主干无疑是西江，北江的规模只能算是西江的一条支流，而东江离得很远，似乎连支流都算不上。真正的珠江只是广州城到虎门河口的短短一截水道而已。但是不论从命名上还是对于支流的划分上，人们显然是把珠江三角洲作为了珠江流域的最主要部分。所有这些河流都汇聚在这个不大的冲积平原地带，最终入海。因此，当我们描述珠江水系的时候不妨就从珠江三角洲说起。

富庶的珠江三角洲

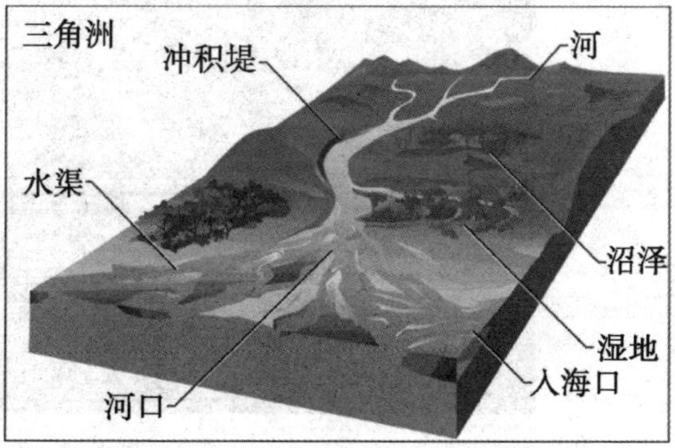

河口三角洲的地理构成图

珠江三角洲旧称粤江平原，是由西江、北江和东江冲积的三个小三角洲组成，面积约 1.13 万平方千米。其中西江、北江三角洲占 1/10。珠江三角洲是放射形汊道的三角洲复合体，上有 160 多个基岩残丘，距今约 6000 年至 2000 年时原是浅海湾中的岛屿。珠江含沙量不多，每年总沙量不过 1 亿吨，多岛屿的浅海湾有利于泥沙滞积，所以 2000 年来三角洲发展较快。

残丘海拔 300～500 米，往往成为秀丽的风景区，著名的如“荔枝湾”，明代已成为羊城八景之一。目前三角洲上较大水道近百条，较小的港汊更多，交织成网。入海处常有残丘夹峙，形势险要，称为“门”。珠江分别由八个口门入海。著名的有虎门、磨刀门、崖门等。珠江三角洲从地形界限看，罗平山脉是它的西面和北面的界限，即罗平山脉以西为西江河谷地区，习惯上称为粤西山地；山脉以北为北江水系，或称为粤北山地。东侧罗浮山区是三角洲的东界。

三角洲内的河道、农田和村镇

三角洲桑基鱼塘

珠江三角洲属于亚热带气候，北回归线横贯其中部。是古时称为“北向户”的地方，即午后太阳可由北面照入屋内。冬季太阳仍高，故珠江三角洲热量充足。但是这里和世界其他热带地区的最明显区别是多了季风的影响。冬季，北风能穿过南岭，将寒流吹入三角洲；夏季，来自南海的季风把雨水一直带到南岭。三角洲内，白昼长达 14 小时(夏至)，冬至仍有 11 小时，年均温在 20℃以上，已入热带地区标准。冬季广州 1 月均温为 13.3℃，低于 5℃的只有 3 天左右，故珠江三角洲只能说有“冬季天气”，不能说有“冬季气候”。最热的 7 月均温 28℃以上。6～10 月，常有台风影响，降雨集中，天气酷热。多雨季节与高温季节同步，土壤肥沃，河道纵横，普遍发展了桑基鱼塘、果基鱼塘、蔗基鱼塘等立体农业结构形式，成为中国生态农业的典范。

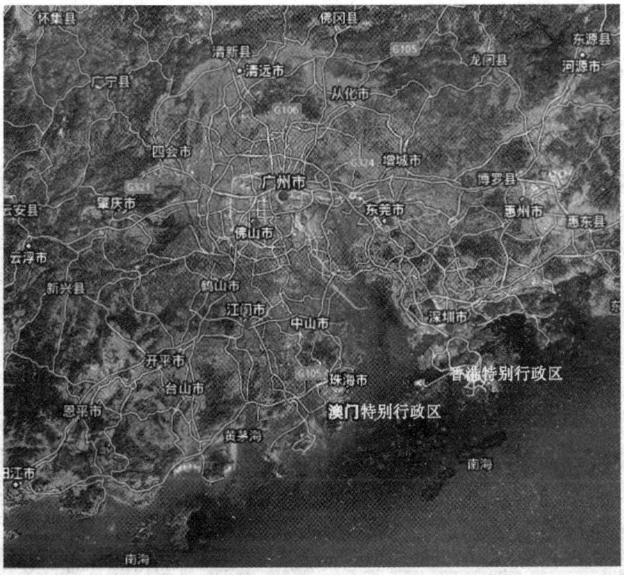

珠江三角洲城市布局卫星地图

珠江三角洲不仅仅是一个地理名词，同时也是个行政名词。其地域包括广州、深圳、珠海、佛山、江门、中山、东莞、惠州、清远及肇庆。中国南部的政治、经济、文化中心皆汇聚于此。此外珠江三角洲毗邻港澳，与东南亚地区隔海相望，海陆交通便利，被称为中国的“南大门”。珠江三角洲是珠江流域的中心，而广州无疑就是珠江三角洲的中心，在广州市内，江中旧有一沙洲名为海珠，珠江便是因此而得名。

在珠江口，远远地就能看到雄伟的虎门大桥。20世纪80年代，珠江三角洲的经济开始起飞，珠江出海口两岸的经济联系越加频密；但当时珠江出海口西岸的中山、珠海、江门、澳门等城市与东岸的深圳、香港等城市之间的汽车往来仍然需要绕道广州市区。1992年10月28日，虎门大桥工程正式动工。在历经4年多后，最终于1997年5月1日建成通车。虎门大桥及其连接线工程全长15.76千米，其中虎门大桥主桥长4.588千米，引道总长11.172千米。虎门大桥按高速公路的标准设计建造，是中国大陆首座现代悬索桥。主航道桥从东岸虎门的威远山，一直到江中心的上横档岛，跨越整个虎门水道，跨度为888米，通航净高60米、宽300米，可通航10万吨级的巨轮。辅航道桥为“预应力混凝土连续钢构桥”，1997年落成时为世界跨度最大的连续钢构桥。辅航道桥从江中心的上横档岛一直到西岸南沙的南北台，跨越整个蒲州水道。

虎门大桥

过了虎门大桥，溯江而上，高楼林立的广州城逐渐展现在眼前。如能乘船夜游珠江更可以领略广州在灯火映衬下的别样风情。广州在秦代称为番禺，自古就是岭南地区的政治、经济和文化中心，同时也是南部中国最繁忙的对外贸易口岸。明清时期，广州已成为中国面向世界的窗口。清朝时期，广州十三行垄断全中国的对外贸易，使广州得以独占进出口贸易的利益，国际知名度也迅速提高，成为世界第三大城市。新中国建立之后，广州延续了中国对外贸易窗口的地位。自1957年起每年举办春、秋两届的中国出口商品交易会即“广交会”，吸引来自全球各地数以万计的客商前来采购，是中国规模最大、时间最长、成交量最多的国际展会。珠江三角洲地区的社会思想开放，人们勇于外出寻求发展，足迹遍及港澳、东南亚甚至太平洋彼岸。因此，这个地区自来就是著名的侨乡，侨居海外的华侨、外籍华人达500万人，港澳同胞400多万人。每个市县都有十几万及至近百万人旅居海外，他们与家乡的人民同根同祖，习俗相同，语言相通。

五羊雕塑是广州的标志

正因为珠江三角洲具有这种开放性的社会思想和社会联系，中国的改革开放便首先选在珠三角试行。改革开放30多年来，珠江三角洲地区充分发挥改革“试验田”的作用，率先在全国推行以市场为取向的改革，较早地建立起社会主义市场经济体制框架，成为全国市场化程度最高、市场体系最完备、外向度最高的经济区域和对外开放的重要窗口。经济上奠定了建立世界制造业基地的雄厚基础，成为推动中国经济社会发展

广州鸟瞰，高塔为广州塔

的强大引擎；人口和经济要素高度聚集，城镇化水平快速提高，基础设施比较完备，形成了一批富有时代气息，又具有岭南特色的现代化城市，成为中国三大城镇密集地区之一；城乡居民收入水平大幅提高，覆盖城乡的社会保障体系初步形成，教育、科技、文化、卫生、体育等各项社会事业迅速发展，公共服务体系基本建立。珠江三角洲地区已经站在了一个新的、更高的历史起点上。

东部的小伙伴——东江

沿珠江向东就进入到了珠江流域的东部支流——东江。东江有着悠久的历史，其发源于江西省寻乌县的桠髻钵和安远县的三百山，由寻乌和安远两水与广东龙川县的贝岭水汇合成江，流至东莞市石龙镇汇入珠江水网，向西出南海。东江取名于它在珠江流域所处的位置，古时，东江全线并不统称为东江，在各段有各段的名字。在江西段，因古时寻乌属安远县，故统称为安远水；在贝岭水下游，称浰水；在龙川老隆佗城段，称雷江；在河源段，称二合水；在博罗段，称罗浮水；在惠州段，称惠州河；在东莞段，称东江（也称石龙河）。东江全长 562 千米，连接赣、粤、港三地，是香港特别行政区及广东省河源、惠州、东莞、深圳、广州等城市居民的主要饮水资源，关系着东江流域和珠江三角洲区域的经济发展和香港的繁荣稳定。

溯江口而上，东江蜿蜒穿过东莞市区，并在此汇入多条支流。东莞属新兴城市，这里制造业发达，号称世界工厂。沿河再向东就到了惠州，东江在市区中心画出一个直角弯，西枝江恰在尖角处汇入东江。这里是珠江三角洲的东北端。惠州市南临南海大亚湾，与深圳、香港毗邻，是中国大陆除深圳外距离香港最近的城市，也是著名侨乡。惠州是历史文化名城，在古代即有“岭南名郡”“粤东门户”之称。市内山水交错，有“半城山色半城湖”的美誉。惠州文化底蕴浓厚，历史名人辈出，廖仲恺、叶挺、邓演达等都是惠州人。文化自然少不了美食，惠州美食有三件宝：东江盐焗鸡、酿豆腐、梅菜扣肉，尤其是梅菜扣肉在海内外颇具盛名。其实，这是东江客家人在饮食文化方面的杰作。惠州是客家人主要的集中居住地，惠州客家人是在东江流域包括客家先民、客家人和客家后裔等族群，是客家民系中的一个地域群体。惠州的自然资源尤其是旅游资源非常丰富，属景点高密度分布区，并具有资源多样性的特点，集山、江、湖、海、泉、瀑、林、洞、岛为一体，融自然景观与人文景观于一身。

过惠州不远，东江水向北拐了一个 90°的大弯，溯江北上，可到达河源市，新丰江在此汇入东江。河源市南连珠三角，北接闽、浙、赣，是广东东部的重要通道。河源港位于珠江水系东江中上游与新丰江汇合处，是河源市中心港口，上可直达老隆港至枫树坝电站，下可直达东莞、广州、佛山、中山、珠海等珠江三角洲各个港口。河口上行 6 千米处，就是亚婆山峡谷出口处的新丰江水电站。新丰江水库也称万绿湖，是华南地区最大的人工水库，总库容 138.96 亿立方米。过了河源市，江水开始转向东北方向，这里已经远离了珠江三角洲的繁华与喧嚣，岭南风光掩映在山水之间，山坳中的一处处村寨表明，这里的经济还有待于开发。东江源头究竟在哪里？多年来有关各方各执一词、争论不休。最近的一次地质

惠州客家围楼

勘探的测绘结果认为，东江主源位于江西省寻乌县境内的椏髻钵山南侧。东江(全长 523 千米)比北江(全长 582 千米)略短，流域面积也小了将近一半，在珠江水系中只能排在第三。两条河虽然离得很近，但是，如果没有珠江三角洲，那么东江和北江还不能构成什么联系。

新丰江水电站大坝

充满想象的北江

让我们再回到珠江三角洲，去看看北江的入海口。从卫星图片上看珠江口，宛如一张少女的侧面像。她面朝大陆，脸型娇巧，秀发披肩。北江的入海口恰好就在她的鼻尖处。经过洪奇沥进入北江。江两岸连绵着精耕细作的农田，不时有工厂出现。向北首先到达顺德。

桑基鱼塘是生态养殖的良性循环典范

顺德是佛山市的一个区，其地大部分属于由江水泥沙冲积而成的河口三角洲平原，顺德境内河流纵横，水网交织。境内除少数山丘外，绝大部分为冲积土壤，富含各种有机物质，适宜农作物生长。顺德地处北回归线以南，属亚热带海洋性季风气候，日照时间长，雨量充沛，常年温暖湿润，四季如春，景色怡人。当地人充分利用土地和气候，挖深鱼塘，垫高基田，塘基植桑，池中养鱼、池埂种桑，桑和鱼互补，从而创造出一套“桑基鱼塘”的良性循环的养殖方式。桑基鱼塘的发展，既促进了种桑、养蚕及养鱼事业的发展，又带动了缫丝等加工工业的前进。过去蚕桑旺盛时，顺德容奇镇每日有“丝船”运生丝出广州，回程运回白银。故有“一船生丝出，一船白银归”说法。20 世纪 20 年代，顺德蚕丝业进入鼎盛期，顺德被誉为“南国丝都”和“广东银行”。顺德不但是经济发达的富庶之地，而且岭南文化在此也有深厚的积淀。顺德的龙舟竞渡自古有名,清初屈大均《广东新语·舟语》载:“顺德龙江,岁五六月斗龙船。斗之日,以江身之不大不小,其水直而不湾环者为龙船场。斗得全胜还埠,则广召亲朋宴饮,其埠必年丰人乐,贸易以饶云。”顺德是粤曲、粤剧的发源地之一,名伶辈出,著名粤剧表演艺术家千里驹、白驹荣、薛觉先、马师曾等均出自顺德,2007年顺德被全国曲艺协会评为“中国曲艺之乡”。过了顺德就进入到佛山市的中心区域了。

顺德斗龙船

佛山地处珠江三角洲腹地,珠江水系中的西江、北江及其支流贯穿全境,属典型的三角洲河网地区。唐宋年间,佛山的手工业、商业和文化已十分繁荣。明清时,更是发展成商贾云集、工商业发达的岭南重镇,与湖北的汉口镇、江西的景德镇、河南的朱仙镇并称中国四大名镇,与北京、汉口、苏州并称天下“四大聚”,陶瓷、纺织、铸造、医药四大行业鼎盛南国。清末,佛山得风气之先,成为我国近代民族工业的发源地之一,先后诞生了中国第一家新式缫丝厂和第一家火柴厂,2011年中国最富20大城市,排名第4位。佛山是一座历史悠久的文化名城,是中国的武术之乡,黄飞鸿和李小龙的文化之根就深植于此。

佛山自古以手工业发达而著称海内外。民间艺术源于唐宋,盛于明清,具有浓郁地方特色。佛山剪纸是中国著名的民间传统艺术,源于宋

佛山秋色巡游

代，盛于明清时期，至今已有 800 多年历史。而具有地域特色的“秋景”，则是佛山人文特色的集中展示。秋景又称“秋色”，多在秋收时节的晚上举行，表现形式上分为灯色、车色、马色、地色、水色、飘色、景色七大类。明朝永乐年间发展起来，各种精美的工艺品，通过游行的形式来展出，并表演舞龙、舞狮、十番、锣鼓柜等助兴，让群众观赏评议。

继续北上就是三水。三水是佛山的一个区，位于佛山西北。北江、西江与绥江汇流于此，因而得名。三水位于佛山市与肇庆市之间，是两个经济圈的纽带。三水地形复杂，有低山、岗地、平原、洼地等，在土地利用上具有多样性。被称为“三山、二水、五分田”的土地分布格局，呈现出优美的山水交融的田园景致。沿江上溯，穿过三水市区，就可以看到思贤滘，其位于三水区河口镇与金本镇之间，是珠江水域中唯一连通西江、北江，并使二者相互汇流的一条河道。它全长约 1.5 千米，水深约 5 米，西滘口宽 100 米，东滘口宽 200 米，中间宽 500 米。此滘恰似天然运河，对调节西、北两江流量，沟通航运，便利排灌，发展生产，起着重要作用。每年汛期，如西江水涨，西江水便流向北江。反之，北江水则流向西江。这时候，洪水泻入狭窄的江中，波涛咆哮，汹涌澎湃，乃自然界中一大奇观。北江和西江在此匆匆握手言别，相约于南海再见。

北江在河口镇拐了一个 90°的大弯,其上游就在正北方向。溯江而上,过了四会马房大桥就可看到绥江蜿蜒穿过肇庆开发区汇入北江。再向北行船约 60 千米就到了清远市,这是一座新兴城市,同时也是广东省地域面积最大的地级市和少数民族聚居地,主要有瑶族、壮族等民族。清远市东约 20 千米处,是飞来峡(又名飞霞)风景区,总面积 51.2 平方千米,有“风光誉南国,古迹遍峡山”之称。飞来峡又名禺峡或清远峡,位于北江中下游。飞来峡全长 9 千米,是北江三峡中最雄伟、最险峻的,峡江两岸各有 36 峰,峰峰有名,千姿百态。两岸高山耸翠,霞蒸雾绕,72 峰参差对峙,起伏连绵数千米,气势雄浑。碧绿的北江蜿蜒其间,在阳光照耀

思贤滘东侧水道,北江部分

下银光飞跃。峡中古迹有飞来寺、飞霞洞、藏霞洞、锦霞禅院。飞来寺为岭南著名古刹,始建于南朝梁武帝普通元年(520 年),距今已有 1400 多年历史。古寺在北禺半山中。到元代天历二年(1329 年)重修时大规模扩建,因而成为岭南巨刹。时人称梁代建在半山的为“旧寺”,也叫“飞来禅寺”;称元代在江边扩建的为“新寺”,也叫“飞来寺”,总称为“清远峡山寺”。历代名人墨客都慕名前来,留下了不少碑刻及摩崖石刻。

飞来峡水利枢纽是以防洪为主,兼有航运、发电、供水和改善生态环

清远飞来峡景区

境等综合效益的水库，总库容 19 亿立方米，大坝最高处 52.3 米，主副坝长 2 954 米，装机容量 14 万千瓦，船闸可通过 500 吨级组合船队。飞来峡水利枢纽风景区主要由库区风光及周边自然景观、枢纽工程景观和人文景观组成。高峡出平湖，大坝展雄姿，远眺飞来峡，景色真迷人，四处呈现出山水相映、水天一色、鱼跃鸟翔的如画景色，风景区具有相当高的集科学、文化、政治、教育和观赏价值。库区内的浈阳、盲仔、香炉三个峡谷素有“小三峡”之称，泛舟于北江之上，观览湖面，让游人尽情领略大自然的旖旎风光。景区气候常年适宜，山清水秀，沿岸居民民俗文化的朴实，土特产和独特的饮食风俗极具吸引力。过了飞来峡沿东北方向溯流而上，两岸多是峡谷和山地，从清远到韶关要经过一段漫长的水路，沿途有连江和滃江汇入。

韶关市一年四季均受季风影响，春季阴雨连绵，秋季降水偏少，冬季寒冷，夏季偏热。北部乡镇冬季每年均有降雪。韶关是粤北地区政治、经济、文化中心和交通枢纽。历史上的韶州被誉为“岭南名郡”，历代皆有名人出于此。浈江和武江穿城而过，在市中心交汇，并形成巨大的江中半岛。水道支流密布，呈羽状汇入北江。韶关自古以来就是华北及长

清远飞来峡水利枢纽

江中下游地区与华南沿海之间最重要的陆上通道和关口，粤、湘、赣交界地区商品集散中心，粤、港、澳辐射内陆腹地的“黄金通道”。

韶关乳源必背瑶寨的晚宴

韶关各地习俗风俗有浓郁的岭南客家汉族色彩，瑶、畲两族也各具民族特色。韶关方言以韶州土话和客家方言为主，广大城乡普遍使用，并成为瑶族与当地汉族进行语言交流的工具。韶关宗教历史久远，宗教文化源远流长，有佛教、道教、基督教和天主教。韶关市的曹溪之畔，坐

落着著名的南华寺，这是佛教禅宗“南禅宗法”的发祥地。相传印度高僧

韶关南华寺

智药三藏航海至粤，北上途经曹溪，“掬水饮之，香味异常，四顾群山，峰峦奇秀，宛如西天宝林山也”，遂建议在此建寺。南华寺始建于南北朝梁武帝天监元年(502 年)至今已有 1480 多年历史，是我国著名的佛教古刹。

浈江和武江在韶关市中心会流，远处黄色水流为浈江，近处绿色水流为武江。江心半岛尖角处为两江汇入北江起点

韶关市仁化县与浈江区交界地带有丹霞山，总面积292平方千米，是国家级风景名胜区，其以丹霞地貌景观而闻名于世。1928年，矿床学家冯景兰，在粤北仁化县注意到了分布广泛的第三纪（6500万年～165万年前）红色沙砾岩层。在丹霞山地区，厚达300～500米的岩层被流水、风力等风化侵蚀，形成了堡垒状的山峰和峰丛，千姿百态的奇石、石桥和石洞。冯景兰意识到这是一种独特的地貌景观，并把形成丹霞地貌的红色沙砾岩层命名为丹霞层。“丹霞”一词源自曹丕的《芙蓉池作诗》：“丹霞夹明月，华星出云间”，意指天上的彩霞。丹霞山是世界丹霞地貌命名地。其景观“色如渥丹，灿若明霞”。韶关还是马坝人的故乡，其遗址位于曲江区城区西南2千米处狮子岩，1958年，闻名中外的“马坝人”头盖骨在此被发现。韶关是北江干流的起始点，东面来的武江和西面来的浈江在沙洲尾交汇，合流为北江。武江发源于湖南临武县三峰岭，因源于临武县得名。浈江发源于江西信丰县大庾岭石溪湾，是一条山地性河流。流经广东的南雄、始兴、仁化等县，至韶关市区与武江汇合。

韶关丹霞山

自唐开元四年凿通梅关古道之后，浈江便成了沟通岭南岭北，连结长江、珠江的主要航道了。明嘉靖年间，从南雄至乌迳来往船只来往不绝。有“日屯万担米，夜行百只船”之称。南雄至韶州、广州的客货运输更为繁忙。南雄城沿江设有五个专业码头。明代曾任户部尚书的李畅写有《浈水》一诗云:“薄暮浈江上,微风趁夕帆。沙鸥轻泛泛,英石自岩岩。海阔月先到,山高日半衡。临流无一事,相对浣征衫。”至于清康熙年间朱彝尊写的《雄州歌》,把浈江的繁荣写得更为真切了。其一诗云:“绿榕万树鹧鸪天,水市山桥阿那边。蜑雨蛮烟空日夜,南来车马北来船。”从诗人笔下,我们看到了300年前繁荣且美丽的浈江。300年来,浈江发生了巨大的变化。现在的浈江已是水浅、流浊、沙滩多,主要是水土流失日益严重所导致的。这与黄烟种植有直接关系。清道光四年《直隶南雄州志·物产》中记载:“烟叶,旧志未载,近四五十年日渐增植,春种秋收,每年约货银百万两,其利几与禾稻等。但种烟之地俱在山岭高阜,一经垦辟,土性浮松,每遇大雨时行冲刷,下注河道,日形壅塞,久则恐成大患。然大利所在,趋之若骛。是唯有士者严禁新垦,庶可塞其流而端其本耳。”南雄黄烟于清初传入,到道光时约160多年,虽然水土流失早已引起人们的注意,但问题没有解决。黄烟种植日益发展,水土流失随之日益严重,浈江日益壅塞。乾隆年间,钱大昕任提督广东学政,由南雄登船,就碰到了浈江水浅、滩多舟难行之苦,因感而作《南雄舟行》诗云:“水浅沙停一线滩,十夫推挽力空殚。谁知咫尺凌江路,下水翻同上水难,”过了约100年,光绪年间浈江因淤塞已出现航运困难了。但至民国22年(1933年)来往于南雄、始兴、韶关的木船和来往于南雄至新田、乌迳的木船还有许多。

赣粤运河工程示意图,虚线为拟修建的运河部分。

尽管浈江通航能力下降严重,但是因其地理位置的特殊性,浈江上游地区仍然是沟通南北的最佳路径。我们知道南岭是中国南部最长的山脉,其纵贯东西,分隔开长江水系和珠江水系。虽然南岭平均海拔不足1 000米,但是其地形崎岖,山势险峻。自古就是南北交通的天然障碍。打通南岭,连结南北,是历朝历代中央政府都要面对的问题。长江水系和珠江水系间最接近的地方仅相距 9 千米,那里是珠江支流北江的上游浈水和赣江支流桃江的源头。这一天然的地理位置,使得赣粤运河的构想由来已久。据史料记载,最早提出这一构想的是明代大学士解缙,他希望开凿赣粤运河,将赣江水与北江水用于农田灌溉。到了近代,孙中山在《建国方略》中,对此亦有提及。20 世纪 30 年代,民国政府一度筹划此事,但终未能实现。新中国建立后,同样把赣粤大运河纳入国家建设规划之内。具体内容是:赣粤运河北连长江,南接珠江。它北起点在九江鄱阳湖口,穿越鄱阳湖、赣江干流,经南昌、吉安、万安、赣州入桃江,在南岭经赣粤运河到达广东境内浈水,顺流而下,经南雄、韶关、穿珠江三角洲南达广州珠江口出海。全长 1301 千米,运河规划为 1000 吨级标准航道。但是各种因素交错复杂,实际工程尚难以预期。事实上,类似的运河在 2200 年前就已经出现在西江流域了。

来自云贵高原的西江

在卫星地图上我们会注意到,西江的入海口离珠江三角洲的喇叭口比较远,在澳门的西侧。乘船从磨刀门水道向东进入到西江,远远就能看到珠海大桥。大桥横跨西江入海口,连接两岸的珠海市区。珠海是中国最早的经济特区之一,改革开放 30 年以来,珠海从一个不知名的渔村发展为现代化的花园城市。经过江中巨大的沙洲时,我们可以仰望长长的磨刀门特大桥,其为沿海高速公路的一部分。溯江而上,经过中山、江门和顺德。两岸人烟稠密,河流如织,农田和厂房相互错落,崭新的公路与河道比肩而行。从珠海的河口上溯大约 140 千米的水路,我们又一次到达了三水的思贤滘,西江在这里向西拐了一个 90 度的弯。我们目送北江渐行渐远,然后转头向西，去追寻2000千米之外，云贵高原之上的西江源头。

黄昏中的珠海大桥

西江三峡位于肇庆市与高要、德庆两县境内的西江上。由东向西分别为羚羊峡、大鼎峡、三榕峡，合称为“西江三峡”。我们从羚羊峡而入，羚羊峡位于肇庆城区东南部，在三峡之中，山最高，水最深，峡最长，最为雄伟壮观。它由羚羊山和烂柯山夹西江而成。烂柯山主峰烂柯顶海拔904米，峰峦叠嶂，怪石嶙峋。羚羊山主峰龙门顶海拔615米，山高坡陡，紧逼江岸。峡谷绵亘7.5千米，河道窄、河床深，两岸峡谷深幽。肇庆城区附近江面宽过千米，而进入峡内河道宽才330米，最窄处仅200米，水流湍急。羚羊峡锁两粤水路的咽喉，清朝咸丰年间曾在此设立海关，军阀李宗仁、白崇禧选在出峡口山腰筑碉堡。至今仍然保留着当年的炮台。以前，由于无机动牵引的水上运输工具，东下的船艇还可顺流直下，西上的船只就要靠撑篙摇橹、架桨扬帆，而更多的时候要由纤工拉纤。

羚羊峡是西江沿岸景色最为秀美的一段峡谷，两岸山峰绵延起伏，满目青翠，步步是景，处处如画，名胜古迹众多。岸北为羚山，上有归猿洞。

在羚羊峡前方大约2000米处北边最高山峰就是鼎湖山的主峰“鸡笼顶”了，海拔为1000米。乘船观看鼎湖山景色，别有一番美的感受。往左侧远眺，眼前连绵起伏的群山叫“烂柯山”。烂柯山方圆数百平方千米，

肇庆羚羊峡

主峰海拔高达 904 米。烂柯山地形险峻复杂,人迹罕至,山上有许多野生动物,如野猪、穿山甲、猴面鹰等野生动物。烂柯山主峰上有一块天然的石头,外形酷似一艘船上面挂着的风帆,叫"一帆风顺"石。宋代朱熹写过这样一首诗来描述烂柯仙踪:"局上闲争战,人间任是非,空教采樵客,柯烂不知归。"

羚羊峡山水

羚羊峡还是端砚石材的主产地。其中羚羊峡东部的老坑(水岩)坐落在端溪水边,开采于唐代,被誉为众坑之首。老坑洞口地势低,西江水上涨时连洞口一并淹没,虽干旱季节,洞内亦积满水。今仅存大西洞与水归洞两个采石场,洞深有 200 多米。洞内可用砚石只有 30 厘米左右。端砚石材开采不易，李贺形容："端州石工巧如神，踏天磨刀割紫云。"为何端砚之源集中在羚羊峡一带？据地学专家分析，端石有其特殊成因，大约4亿年前，端州附近是一条延伸的海岸带，西部广西是一片汪洋大海，海水潮起潮落，将东西两侧陆地上搬来的大量物质在这里筛选聚集，按照比重和颗粒大小，依次形成不同地层，经过不断的地质运动，海水退缩，陆地出露，深埋地下的端砚石层重新暴露地表，受到地下岩浆的挤压作用，端砚石层裂隙内逐渐填充进了新的矿物质，所以今天能在端砚石上看到各种瑰丽花纹。

西出羚羊峡，江水豁然开阔。来到肇庆城区江面，首先映入眼帘的是西江两岸四塔擎天的奇特景观，四座古塔，夹江对峙。郭沫若1961年游西江时，留下了"四塔擎天天宇稳，七星伴月月宫闲"的名句。这四塔均建于明代，分别为崇禧塔、元魁塔、文明塔、巽峰塔，其中崇禧塔雍容华贵，为四塔之冠，建于明万历十年(1582)，塔高57.5米，外观9层，内分17层。登塔眺望，肇庆秀丽的风光可收眼底。赵朴初曾为该塔题写"七星高北斗，一塔耸南天"的楹联，以此赞美崇禧塔之巍峨壮观、气势非凡。再西行就可看到西江大桥。西江两岸，高楼林立，车水马龙。北岸是肇庆市区，南岸为高要城区。肇庆旧称高要，北宋徽宗亲赐御书"肇庆府"意为"开始带来吉祥喜庆"。肇庆地处两广要冲，便于调配两广的物资和人员，历来是西江流域的政治中心。明嘉靖四十三年(1564年)，两广总督治所从广西梧州移驻肇庆，直到清乾隆十一年(1746年)才迁往广州，历时182年。肇庆属南亚热带季风气候。年平均气温21.2℃，1月份平均气温12℃，7月份平均气温28.7℃。年内主要气候特点：春季温暖多雨，有轻度倒春寒。

肇庆是岭南土著文化的发祥地，更是广府汉族地域文化和白话(广府话)的发祥地，以及两种文化交叉演进的核心地域，也是中原文化与岭南文化、西方文明与中国传统文明交汇最早的地区，明朝时期，利玛窦在这里修建了第一座天主教堂。肇庆端砚与湖笔、宣纸、徽墨并称"文房四宝"。其石质纯净细嫩，蘸墨笔锋经久不退，其雕刻也相当精湛，被历代列为贡品。

西江在肇庆市区画了一个半圆，之后继续向西，蜿蜒在山地之间。

肇庆西江边的崇禧塔

向西约 80 千米，到达德庆县，如果是白天，可以清楚地看到白色的三元塔矗立在北岸的白沙山上。它建于明朝万历二十七年(1599 年)，工匠采用名贵的银朱灰浆作为外墙涂料，而银朱本身是一种不溶于水且在空气中不易氧化的矿物颜料，所以虽然经历了四百多年的风雨侵蚀，但时至今日，塔却仍然鲜艳如新，光彩照人，以“只新不旧”的美誉而闻名于世。

德庆三元塔

溯江而上，江水转向西北方向。在封开县城，贺江由此汇入西江。贺江全长 433 千米，流域面积 11 536 平方千米，是漓江的姐妹江，古称封水。其发源于南岭，自北而南盘旋曲折，如一条抖动的缎带，充满动感。贺江以“绿”闻名，专家称其为“中国最清澈的河流”。西江接纳贺江之后转向正北。溯流而上，江北是伴江而行的公路。当我们跨过省界进入广西的时候，就到了梧州。

梧州位于广西东部，市区紧接两广边

界，是一座有着2 200年历史的古老城市。西江把梧州与粤港澳连接起来，水路距广州341千米，香港436千米，澳门384千米，为广西距港澳最近的港口口岸城市。1897年，梧州被辟为通商口岸，此举促进了梧州水运的发展，使梧州逐渐成为云、贵、川、湘、粤的货运中心。现在的梧州港是华南第二大内河港(仅次于广州黄埔港)。西江可通航千吨级船舶。有“广西水上门户”之称。梧州气候温暖，雨量充沛，夏长冬短，年平均气温21.1℃，最冷月(1月)平均气温11.9℃，最热月(7月)平均气温28.9℃。龟苓膏是梧州的特产，其为一种药膳，主要以名贵的鹰嘴龟和土茯苓为原料，再配生地等药物精制而成。其性温和，不凉不燥，具有清热去湿，养颜提神等功效，老少皆宜。在清代曾作为贡品进京，因而驰名南北。

梧州市郊有长洲水利枢纽，其坝址位于浔江下游的长洲镇，大坝跨长洲和泗化洲两岛并跨内、中、外三江，坐落在花岗岩带上，两岸开阔平缓，建设条件优越。是一座发电和航运为主，兼有提水灌溉、水产养殖、旅游等综合效益的大型水利水电工程。电站坝长3 350米，装有15台灯泡式贯流机组，总装机容量为62.13万千瓦，总投资约62亿元。该电站闸坝为目前世界最长的坝，也是世界上灯泡贯流机组最多的电站。有“小葛洲坝”之称，更被喻为“西江明珠”。浔江航道159千米，淹没滩险21处，枯水期航道水深将从目前的1.6米～1.8米提高到3米以上，航道扩宽百米以上，使南宁和广州、珠江三角洲以及港、澳之间可常年通航2千吨级船队。

桂江由北向南穿过梧州东部市区，汇入西江。桂江发源于广西兴安县华江乡猫儿山，其上源称六峒河；南流至兴安县司门前附近，之后称溶江，沿途东纳黄柏江，西受川江；溶江镇之下称漓江，汇灵渠水，流经灵川、桂林、阳朔，至平乐县恭城河口；此后下游统称桂江，至梧州市汇入西江，全长约437千米，流域面积约5 585平方千米。桂江不是西江最大的支流，但是绝对算是最出名的一条支流。桂江有两个亮点，第一个是从桂林到阳朔之间的漓江百里画廊；第二个是上游地区的兴安运河。

从桂林到阳朔83千米水程，漓江像蜿蜒的玉带，缠绕在苍翠的奇峰

梧州长洲水利枢纽对于提高西江航运能力举足轻重

中，造化为世界上规模最大、景色最为优美的岩溶景区。漓江山水景观是岩溶地貌（喀斯特地貌）类型中发育非常充分的一种。自然界中的水（主要是雨水）与空气中的二氧化碳发生反应生成碳酸，再与土壤中因生物作用产生的碳酸一起，与可溶性岩石（大多数情况下，均是由碳酸盐类

兴平漓江风光

组成的岩石，如石灰岩、白云岩等）发生反应。碳酸钙盐类岩中的钙离子被碳酸转移出来，并被地下水带走，看似坚硬的岩石就这样被水一点点溶蚀，形成峰林、孤峰和岩洞，构成当地独特的自然风光。漓江风景区以桂林市为中心，北起兴安运河，南至阳朔，由漓江一水相连。桂林山水向以“山青、水秀，洞奇”三绝闻名中外。

乘舟泛游漓江，可观奇峰倒影，碧水青山，牧童悠歌，渔翁闲钓。古

朴的田园人家，清新的呼吸，一切都那么诗情画意。漓江山色美，美在倒影中。漓江倒影要数黄布滩最令人陶醉了。这里水平如镜，清澈澄碧，绿竹护堤，倩影婆娑，山峦、翠竹、蓝天、白云倒影在碧水之中，山水一体，水天一色。清朝诗人袁枚形容其：分明看见青山顶，船在青山顶上行。1999年版人民币20元券背面的山水景象即取材于兴坪段漓江风光，乘游船游览漓江在兴坪附近的左岸即可见。渔村位于漓江东侧，鲤鱼山彼岸，建于明正德年间（1506～1521年）。村民世代以捕鱼为生，经过训练的鸬鹚是他们捕鱼的得力助手。此外，用竹筏而不是用木船作为捕鱼的载浮工具，是渔村不同于中国其他地方的又一特色。

漓江“百里画廊”是桂林山水的典型代表，是桂林的灵魂。其大致分为三个景区：从桂林至黄牛峡是第一景区，两岸峰奇，城镇农村与田园错落分布，是观赏远山近水与人文民风的佳境。黄牛峡至水落村是第二景区，两岸石山连绵，团峦映带，是漓江的主体部分。水落村至阳朔镇是第三景区，两岸茂林修竹，田野渔村随处可见，碧莲峰是自然景观的标志，而镇上西街的人文景观则更能体现漓江的文化底蕴。有道是，“五岭皆炎热，宜人独桂林。”贺敬之形容桂林山水：“云中的神呵雾中的仙，神姿仙态桂林的山。情一样深呵梦一样美，如情似梦漓江的水。”从美学的角度来看，百里画廊的特点，可以概括为清、奇、巧、变四个字。清，指的是漓江水，一年四季晶莹透亮，清澈见底。宋人张自明的“癸水（指漓江水）江头石似浮”，便将它的清亮描写出来了。奇，是指漓江的山，奇异峻美，宋代诗人范成大认为：“桂山之奇，宜为天下第一”；巧，是说漓江风景之奇巧。漓江沿途，奇奇怪怪的石山，形象万千，比拟无穷，摹人拟物，无不惟妙惟肖。石崖上的石纹石色，光怪陆离，绚丽多姿，构成许许多多的画面，巧夺天工；变，是指漓江景致的变化多端。乘船游江，只见两岸的山，一时孤峰直立，一时奇峰一片，时而山海峰林，时而平畴旷野。只见漓江的水，忽曲忽直，时缓时急，有时波平浪静，有时浪翻涛滚，银花飞溅。漓江之景，还随着季节、昼夜、早晚、晴雨的不同而变化。真是四季有景，时时皆景，景景不同。尤其是清晨和细雨之时，晨雾烟雨，笼罩群山，若隐若现，藏头露尾，变幻莫测。如果说桂林山水是得益于自然的鬼斧神工，那么兴安运河则完全依靠人类的勇敢和智慧。

漓江山水

兴安运河古称灵渠，开凿灵渠有其特殊的地理和历史背景。南岭是南部地区的最大山脉，其横亘在湘桂、湘粤、赣粤之间，向东延伸至闽南。南岭由越城岭、都庞岭、萌渚岭、骑田岭和大庾岭5条主要山岭所组成，故又称五岭。广义上南岭还包括五岭邻近的苗儿山、海洋山、九嶷山、香花岭、瑶山、九连山等。南岭东西绵延1400千米，南北宽约200千米。高度一般在1000米左右。南岭分隔了长江流域和珠江流域，人们只能通过陆路交通进行政治和经济的联系。于是低谷隘口构成南北交通孔道，其主要有三：一为梅岭路，从北江上游浈水谷地的南雄，翻越大庾岭的小梅关至赣江上游，为沟通广东与江西的主要通路。二为折岭路，沿北江上游武水谷地通过（京广铁路经此）。三为桂岭路，在越城岭与海洋山之间（湘桂铁路经此）。当秦始皇的统一战争进行到岭南地区时，崎岖狭窄的山路阻碍了大军的行进。为了保证兵力和给养的运输，南北交通迫切需要一条水运通道。于是修筑一条运河，成为中央政府的首要问题。工程设计者选中了桂岭路线。

广西兴安县西北越城岭和西南都庞岭之间有一条南北向的地理走廊——“湘桂走廊”，是岭南通往中原的陆路通道。而越城岭是长江和珠

灵渠

江两大水系的分水岭，长江支流湘江和漓江支流始安水在今广西兴安县相向而过。越城岭高20多米，南北长300多米，湘江自南而北，再折而东北流去；始安水（漓江支流）自北而西南流，两水相距最近处仅1.6千米，如果在这里开凿运河，可以沟通长江—湘江—漓江—珠江的水运，获得中原与岭南相连的水路通道。前221至前206年秦政府开始在桂江上游与湘江上游之间开凿灵渠。

灵渠并没有简单地直线连通，当时设计者显然有着缜密的规划。除了从通航水道对坡降的要求外，还考虑了水源问题。始安水是山溪性河流，水量不足且年季变化大，而湘江水量丰沛且比较稳定。灵渠的水源倚重湘江才有保障。秦国的工程师们向上游寻找运河与湘江最恰当的分水点。这个点最后选择在距最近处2.3千米的上游。此处，具备工程布置和水源条件的综合优势：首先，利用分水岭初步确定运河与天然河道的结合位置，争取尽可能少的渠道开挖工程量和运河与天然河流的平顺衔接；其次，以湘江为主要水源——向上游修建导流工程分引湘江，实现了运河南北向自流供水；第三，起码的通航条件——设法延缓渠道的纵比降，人工渠道与天然河道平缓连接，以获得适合船只航行的流速和航深等基本要求。

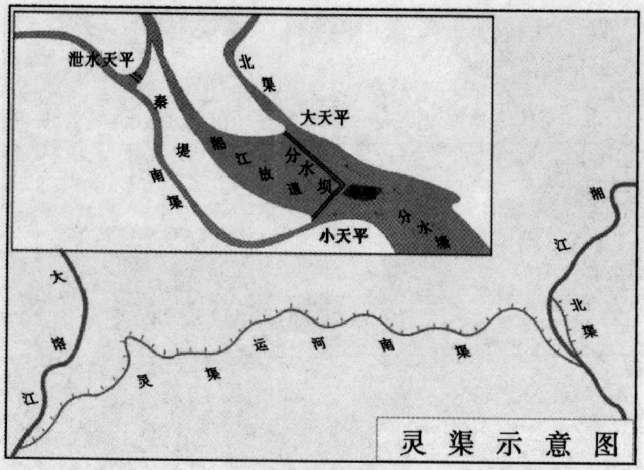

灵渠工程示意图

由于规划的成功，使灵渠在建成的早期得以在山岭重叠之间凭借简单的工程设施，取得了稳定的水源和起码的通航条件，并为运河后来的完善奠定了基础。唐代改建灵渠工程在分水处以铧堤（后称之铧嘴）引水，渠道上设置了陡门（或称斗门，即简易闸门）控制航深，通航条件较之秦代应有较大的改善。宋灵渠“于上流碛中，叠石作铧嘴，锐其前，逆分湘水为两，依山筑堤为溜渠，巧激十里而止平陆。遂凿渠绕山曲，凡行六十里，乃至融江而俱南。渠内置斗门三十有六，每舟入一斗门，则复闸之，俟水积而舟以渐进，故能循崖而上，建瓴而下，以通南北之舟楫”。其中斗门的设计，被称为后代船闸的雏形。灵渠建成后，成为内地与两广的重要交通通道，清代曾出现过日过船量 200 多只的情况，1941 年湘桂铁路通车后，灵渠才逐渐演化成以灌溉为主的输水渠道。今天，当人们荡舟于漓江之上时，可曾想到这碧波之中也含着湘江的气息。

让我们再回到梧州，继续溯西江而上。过了梧州就进入到西江流域的中游地区，西江也改称浔江。浔江段从梧州到象州石龙镇，途中多峡谷和浅滩。蜿蜒上行约 160 千米，就到了桂平市，西江最大的支流郁江在这里汇入。郁江流域位于广西壮族自治区南部。北源右江为正源，其发源于云南省广南县境内的杨梅山；南源左江源于越南境内。左、右江在邕宁县宋村汇合后始称郁江，流程长约 1162 千米，流域总面积 9.2253 万

广西西津水利枢纽

平方千米。从桂平沿郁江向西南溯江而上，两岸平原开阔，是广西重要的稻米、甘蔗、玉米、花生、香蕉、烤烟、黄麻等生产基地。江水曲折巡回，上行约120千米就到了贵港市，其为广西最大的内河港口。再向西就是西津水利枢纽，郁江河水至此被拦腰截断，上游形成一个广袤百里的人工湖，称西津湖，昔日乱石险滩尽没其中。登坝远眺，青山绿水，百鹭低飞。西津水电站以发电为主，兼顾航运。由此上行约100千米就到了南宁市的邕宁区，再向西就进入到南宁市城区，江水也改名为邕江。

邕江穿过南宁市区

南宁坐落在邕江河谷地带，南、北、西三面均为山地围绕。南宁古称邕州，自古就是西南地区的军事重镇，其与昆明东西呼应，已发展为中国西南地区的政治、经济中心。民国时期，南宁取代桂林成为广西省会。南宁市地处多民族聚居地区，其中主要居住着壮、汉、瑶、苗、侗、仫佬、毛南、回、京、水、彝、仡佬等12个世居民族。此外，还居住着满、布依、蒙古、傣、黎、傈僳、拉祜、俄罗斯、土、高山、土家、朝鲜、白、藏、纳西等39个少数民族，其中人口总数超过1000人以上的依次为壮族、汉族、瑶族、苗族、仫佬族、侗族、回族、满族、毛南族、土家族等10个民族。壮族是世代居住在本地的土著民族；汉族为秦汉以后陆续迁入；回族为元朝以后迁入；瑶族和苗族大多为清代以后迁入；其余民族多于解放后陆续从全国各地迁来。现在的南宁已成为民族融洽、活力动感的文化之城。

南宁具有得天独厚的旅游资源。其地属亚热带季风区，阳光充足，雨量充沛，气候温和。年均气温21.7℃左右，冬季最冷的1月平均12.8℃，夏季最热的七八月份平均28.2℃。所以每年10月末11月初，是南宁旅游的最佳时节。冬天和春天的南宁特别美丽，夏天也不会很热。优越的气候条件使得南宁终年常绿，四季花开，所以南宁一年四季皆宜旅游。因而所谓的“草经冬而不枯，花非春而常开”。南宁市区的绿化树大量选种果树，“果树上街”是南宁的一大特色。木棉花、紫薇花、紫荆花、凤凰花等争芳斗艳，可以说南宁市十树九开花，一年四季，每月都有不同的树在开花，加上一年四季开花的市花

南宁街头的朱槿花

朱槿花，一年到头都是姹紫嫣红。邕江穿南宁城而过，城西的江西乡宋村是邕江的起点，也是左、右江的汇合点。左、右江是郁江的两个源头，其中北源右江为正源，其发源于云南省广南县境内的杨梅山；南源左江源于越南境内。左右江流域是壮族最集中的聚居区，其中百色是右江沿岸的重要城市。

过了桂平，江水改称黔江，溯流曲折向西北而去，上行约130千米，在象山县石龙镇，可见柳江自北向南，蜿蜒汇入。柳江长726千米，流域面积5.84万平方千米，是西江左岸重要支流。黔、桂水上交通要道。上游在贵州省境，称都柳江；至广西三江侗族自治县拉堡，称融江；过柳城后始称柳江。上游海拔多在1000米以上，相对高度常达500～700米。河道滩多流急，三都以下汛期可通行木船；中、下游海拔多在500～800米，水势平缓，河曲较发育。以喀斯特地貌，峰丛谷地为主，沿河阶地、丘陵广布，耕地集中，人口稠密。柳州以下常年可通行80吨机拖轮，航运便利。流域年均温达18～20℃，高温多雨，适宜亚热带、热带作物生长，年可三熟。上游及山区为中国重要杉木林区。

从石龙镇沿柳江上溯约110千米就到了柳州。柳州建城超过2100年，自古就是西南地区的交通枢纽，目前也是中国西部区域性交通枢纽，是沟通中国西南与中南、华东、华南地区的铁路中枢。自梧州辟为通商口岸之后(1887年)，中国大西南物产经西江东下珠江出口大量增加，在光绪三十年(1904年)就有桂富、柳平两艘商业轮船行驶柳梧航线。柳州“三江四合，抱城如壶”，亦称“壶城”，属于典型的喀斯特地貌，形成了“拔地奇峰画卷开”的山水特点，柳江穿越市区，把市区环绕成一个“U”字形半岛。唐代著名文学家柳宗元在柳州任刺史时，曾用“越绝孤城千万峰”、“江流曲似九回肠”的诗句，来描绘柳州的山水。柳州具有浓郁的乡土文化和民族文化气息。是汉、壮、瑶等民族聚居的城市，几千年来一直是各民族经济、文化的汇集点，具有深厚的民族传统文化沉积。柳州地区居住着壮、汉、瑶、苗、侗、仫佬等18个民族，总人口387.96万人，其中壮、瑶、苗、侗等少数民族人口占68.41%。壮族的歌，瑶族的舞，苗族的节，侗族的楼，展示了少数民族丰富多彩的文化生活。柳州市地处桂中北部，属中亚热带季风气候，影响柳州市的大气环流主要是季风环流，夏长冬短、雨热同季，光、温、水气候资源丰富，但地区差异较大，北部各县具有较明显的山地气候特征。柳州是中国西南工业重镇，同时也是广西最大的工业经济中心，其有着“山水城市中工业最强，工业城市中山水最美”的称号。

柳江弯曲穿过柳州市区，形成巨大的U形半岛

石龙镇以西的江水改称为红水河，这里是西江流域的上游地区。红水河的主源是南盘江，源于云南省沾益县马雄山。其南流至开远折而东，至望谟县与北面来的北盘江相会，始称红水河。河水因流经红色砂贝岩层，水色红褐而得名。

红水河全长638千米，流域面积3.32万平方千米。该河段多峡谷、险滩，水流湍急，不利船只航行，但水量大，落差集中，水力资源十分丰富，它的梯级开发已被政府列为国家重点开发项目。主要规划有天生桥一级、天生桥二级、平班、龙滩、岩滩、大化、百龙滩、乐滩、桥巩、大藤峡10个梯级电站及下游西江上的长洲水利枢纽等。红水河终年可通航木船，忻城红渡以下可通航小轮船，直达来宾、柳州和桂平等地。流域内山岭连绵，地形崎岖，交通以公路为主。红水河流域是壮族及瑶族聚居地区，农业生产因喀斯特地貌分布广，地表缺水干旱，多以玉米等旱作为主，上游高山区多产木材。流域内矿产蕴藏丰富，以有色金属及黑色金属为主，有金、银、铜、铁、锡、铅、锌、钨、铬、钼、钛、铀、汞、石棉、萤石、锰、煤等。南丹大厂的锡矿和来宾凤凰的锰矿闻名全国，合山煤矿是广西最大的煤矿。

沿红水河向西，两岸是连绵的山地，不时看到正在修建的水利堤坝，但是我们最想看的还是那座仅次于三峡工程的龙滩水利枢纽。过了广西天峨县约15千米，龙滩电站巨大的坝体就已经隐隐的呈现在我们的眼前了。大坝高度为216.5米，相当于72层楼的高度。龙滩水电工程主要由大坝、地下发电厂房和通航建筑物三大部分组成。它们的建设将创造三项世界之最：最高的辗压混凝土大坝（最大坝高216.5米，坝顶长836.5米，坝体混凝土方量736万立方米）；规模最大的地下厂房（长388.5米，宽28.5米，高74.4米）；提升高度最高的升船机（全长1650多米，最大提升高度179米；分两级提升，其高度分别为88.5米和90.5米）。而水电站蓄水而成的龙滩天湖面积约377平方千米，相当于67个西湖，湖深近200米。龙滩水电站是南盘江红水河水电基地10级开发方案的第四级，是红水河开发的控制性水库。龙滩水电工程规划总装机容量630万千瓦，安装9台70万千瓦的水轮发电机组，年均发电量187亿千瓦时，相应水库正常蓄水位400米，总库容273亿立方米，防洪库容70亿立方米，分两期建设。一期建设装机容量490万千瓦，安装7台70万千瓦的水轮发电机组，年均发电量156.7亿千瓦时，相应水库正常蓄水位378米，总库容162亿立方米，防洪库容50亿立方米。工程建成后，50%以上的电力送往广东，作为广东“十一五”期间的电源点纳入电力电量平衡。过了龙滩水利枢纽，红水河拐了一个超过100度的大弯，从西北转向西南。在贵州望谟县蔗香乡附近，北盘江与南盘江相会，合流成强劲有力的红水河。

北盘江发源于中国云南省宣威市马雄山西北麓，因其流势犹如九曲回肠朝北端流去，故名曰北盘江。河长444千米，流域面积2.66万平方千米，河流经石灰岩地区，穿高山峡谷，是西江中坡度最大的支流，河谷宽一般只有200～400米。上游流经滇东喀斯特高原；中游坡降大，滩多流急，河床切割深，以峡谷为主，间有小型河谷盆地或宽谷，下游主要流经砂、页岩低山和丘陵区，坡降渐小，峡谷时宽时窄，有舟楫之利，白层以

建设中的龙滩水电站

北盘江穿行在高山峡谷之间

下为古代水上货运通道。北盘江属亚热带湿润季风气候，由于河谷炎热，甘蔗、柑橘、芭蕉、紫胶生长良好。流域内布依、苗、彝族聚居集中。史书记载，古夜郎国在牂牁河岸上，众人争论古夜郎国国都遗址，但未能作历史的确定。北盘江山高路险，因此这里的大桥多高耸雄奇。如北盘江公路大桥位于贵州省贞丰县与关岭县交界的北盘江上，是贵州省关（岭）兴（义）高等级公路上的咽喉。该桥是一座斜拉式高架公路桥，是同类桥中的中国第一、亚洲第二。该桥长度 388 米，距离水面 486 米，为中国第一高桥，于 2003 年 12 月 28 日建成并通车。再往西则有贵州水柏铁路北盘江大桥，其位于六盘水市境内的深山峡谷处，跨越北盘江，是单线铁路钢管拱桥；桥长 485 米，高达 280 米，主跨 236 米；该桥为国内第二大跨度铁路桥梁，钢管拱采用转体法施工，单铰转体重量达 10400 吨，为当时世界之最。

贵州省关岭县北盘江公路大桥，桥下是北盘江

火车通过贵州水柏北盘江铁路大桥，
桥前有铁索桥，远处是梯田和村寨

打邦河是北盘江的一条支流，发源于贵州安顺市西秀区塔基山，地跨西秀、关岭、镇宁三个县(区)，在关岭县付家寨南面汇入北盘江，河长132 千米。打邦河流域面积较小，但由于地处岩溶发育区且落差集中，不

仅形成了黄果树瀑布、龙宫岩溶、峰林幽谷等天然景观，拥有独特的旅游资源，著名的黄果树大瀑布、龙宫、天星桥风景名胜区坐落于河流中下游地区。黄果树瀑布是打邦河的支流白水河九级瀑布群中规模最大的一级瀑布。瀑布高度为 77.8 米，其中主瀑高 67 米；瀑布宽 101 米，其中主瀑顶宽 83.3 米。黄果树瀑布属喀斯特地貌中的侵蚀裂典型瀑布。黄果树瀑布不只一个瀑布的存在，以它为核心，在它的上游和下游 20 千米的河段上，共形成了雄、奇、险、秀风格各异的瀑布 18 个，1999 年被世界吉尼斯总部评为世界上最大的瀑布群。徐霞客考察大瀑布时赞叹道："捣珠崩玉，飞沫反涌，如烟雾腾空，势甚雄伟；所谓'珠帘钩不卷，匹练挂遥峰'，俱不足以拟其壮也，高峻数倍者有之，而从无此阔而大者。"

贵州黄果树瀑布位于北盘江支流上

南盘江为珠江正源，发源于云南省曲靖市沾益县马雄山东麓，流经云南、贵州、广西。珠江以西江的南盘江为源，则长度为 2197 千米，其中南盘江河段长 914 千米，与红水河形成全国十大水力发电基地之一。南盘江由于地貌形态不一，或陡峻，或迂回，或高山峡谷，或坦荡旷野。河段景色各异，风景不一。有的地段急流险滩，波翻浪涌，有的则平静舒缓，水色如蓝，群山一片新绿，凝碧之中唯有木棉火红；夏秋之时，山水暴涨，红流奔腾，惊涛拍岸，声如雷鸣。山中片片白雾漂浮，山巅雾涌如潮，蔚为奇观。碧绿的芭蕉林，挺拔的大蛮竹，成片的甘蔗林遍布河岸。南盘江属高原季风气候，雨量充沛，年平均降雨量在1100毫米左右，流域面积广阔，水资源、矿产资源、植物资源十分丰富。自古以来，南盘江就是云贵通往两广的必经水路，中国南方许多少数民族迁徙交往也通过南盘江。

南盘江上段是曲靖市经济较为发达的腹心地带，也是云南省商品粮、生猪、蚕桑养殖基地。该区域不但经济发达，而且水利化程度也很高，南盘江下段以万峰湖为主体，是珠江三角洲水质调济的重要源泉。万峰湖是国家重点水电工程天生桥高坝电站建成蓄水后形成的人工湖，水面烟波浩渺，湖光潋滟。湖内上千座山峰构成上千个全岛或半岛，景色十分迷人。万峰湖形成时间虽短，但却跻身于全国五大淡水湖之列。万峰湖湖周群山环绕，故得此名。湖中蓄水102亿立方米，水面达816平方千米，迂回环绕在黔、桂、滇三省之间，沿岸有民族山寨，展现出独特的民族风情。

天生桥水利枢纽，万峰湖风景

曲靖是南盘江上源的最后一个城市，这里也是云南省的第二大城市。珠江之源就在曲靖市沾益县东北的马雄山上。登上马雄山顶峰，清风徐徐，这里是云贵高原平台上的一个平缓的山丘。主峰的西面是难以驻足的陡坡。坡上树木丛生，绵绵延延约4千米之长。几条沟涧在山脚汇合，汇入格香河，其为北盘江的上源。从马雄山主峰东北向鞍部延伸，在第三个小包的分水岭上，从海拔 2350 米处开始，出现一条近一尺深的明显的流水沟，向具有宽阔脊面的鞍部穿流 750 米，在海拔 2260 米处，成东西走向分流口，西者流进北盘江，东者下行 250 米，连接大冲沟。大冲沟在海拔 2240 米处，有一碧水潭。整条大冲沟林木覆盖良好，常见有水渗出，形成纵横交错的细小沟管汇到大冲沟。从大冲沟下行 3 千米，有一低洼谷地，与高山沟交汇。大冲沟和高山沟在低洼谷地交汇后下行不

珠江源

远，由于前面隆起的一个小山包，一堵 6 米高的峭壁裂开大洞，迫使沟水汇流后进入伏流，这里海拔 2158 米。从伏流口下行约 1～2 千米，又有一堵约 6 米高的断壁，分上下两个出水口，流水潺潺，此处海拔 2145 米。这个出水口便是 1942 年和 1952 年两次勘察认定的珠江源。早在明代崇祯年间，徐霞客曾从广西入滇，考察珠江的发源地。他在《盘江考》中指出，盘江发源于沾益炎方附近。1985 年，水电部珠江水利委员会的专家会同当地水利部门，在多次考察论证的基础上，正式确定马雄山东麓出水洞处为珠江正源。洞前竖立的珠江源碑记中写道："……滴水分三江，一脉隔双盘，主峰巍峨，高高峙立，溪流涌泉，若明若暗，江渭蛰流，出洞汩汩，终年不绝，乃珠江正源。"

人类历史上最伟大的水利工程——大运河

辉煌的奇迹

运河是根据人们的某些需要人工开挖的水道，是用来沟通不同河流、水系或海洋，联系重要城镇，发展水上运输的人工河流。

中国历史上开凿过许多运河，而最著名的就是京杭大运河，我们通常也称之为京杭运河或大运河。

提起京杭运河，大家一定不陌生吧，但你知道它的过去、今天和未来吗？

早在1300多年前的隋朝时期，一支庞大的船队向东南进发。为首的是条高15米，长66米，共四层的装饰金碧辉煌的巨大龙船，上面坐着的是隋朝皇帝——中国历史上出名的暴君隋炀(yáng)帝杨广。后面跟随着大小龙船、彩船几千只，载着杨广的后妃、王子、公主、皇亲国戚、歌女、文臣武将，还乘着保驾的卫兵，装着武器、帐篷等物。船只首尾相接，前后百余千米，沿岸还有许多骑兵往来巡逻护送，八万名强征来拉纤的民夫们，衣衫褴褛，艰难地一步步地挣扎着使船队徐徐地行驶在大运河上。

这就是隋炀帝和他的后妃到江苏北部的名城扬州观赏琼花(琼花是中国古代的一种名贵的花卉，传说扬州有一株琼花高三米多，春天开花时，白如玉盘，有“维扬一枝花，四海无同类”之美誉)和巡幸江南的盛况。隋炀帝三次由运河下扬州，每次都是劳民伤财，靡费不堪。

大运河是不是隋朝才开始挖掘的呢？其实不是。

大运河的挖掘经历了三个阶段。

最早开挖大运河是在中国历史上的春秋时期(前770～前476年)。那时中国是诸侯割据,纷争四起。地处现在江苏及其附近地区的是吴国,吴王夫差为了向北发展,攻打现在山东境内的齐国,争夺霸权,于公元前486年,下令筑邗(hán)城(现在的扬州),征调军民,从扬州引长江水,向北入淮河,凿成一条运河,当时叫邗沟。这样,长江下游和淮河平原就出现了人工河。它在我国历史上第一次沟通了长江和淮河的联系,也是今天大运河全线中最古老的一段。大运河就是在邗沟的基础上发展而成的。

过了将近一千年,隋朝(581～618年)建立。这时的江淮以南已被南下移民开发成为全国经济、文化最发达的地区。隋朝统治者便面临着如何加强对南方富庶地区的控制问题。而且,隋朝定都长安,东南富庶地区距离很远,当时的交通又是以马车为主,不便把那里的粮食和其他物资北运。同时,因为国防的关系,在国境东北部的涿郡(今北京)建成了一个军事大据点,也需从南方运来大量的军需物资。为了解决以上问题,也为了欣赏江南美景,隋炀帝下令进一步开发运河,沟通南北。

隋炀帝登基后,在河南洛阳建立了东都。他征集了百余万民工,在原有运河的基础上,以洛阳为中心,向东南开挖了连接淮河的通济渠,并与邗沟相接,同时开凿了江南运河直达杭州;向东北开挖了永济渠通往北京,这样就形成了"人"字形的、长达2000多千米的大运河,这与我们今天的京杭大运河的路线、长度不同。我们把这时的大运河称为隋运河。

这是大运河的第二次开凿。也是工程最浩大的一次。

隋运河沟通了海河、黄河、淮河、长江和钱塘江五大水系,使我国这五条由西向东流的天然河流第一次被人为地纵向贯通了,成为重要的交通线路。

隋运河这一南北交通水路,确实比陆路跋涉便利得多。就连隋炀帝都说,从洛阳乘船到风景秀丽的南方游玩,要比坐马车舒服多了。

隋炀帝兴修大运河,在主观上是为了搜刮江南财富、进行北方战争和满足个人享乐，繁重的劳役给人民带来了深重的灾难；但在客观上，运河的建成大大改善了南北交通，促进了全国的经济联系和文化交流。自隋朝开始至唐、宋的五百多年间，隋运河一直是中原联系东南沿海地区的纽带，也是南粮北运、维系中央政权的大动脉。

元代之后的运河示意图

13世纪70年代，元朝建立了，首都定在北京（当时叫大都）。为了从南方向京城运粮及其他物资，仍要靠运河水运。如果通过隋运河运输，就要经洛阳绕一个大弯，既费时又费力，极不方便。于是元世祖下令对大运河进行第三次开凿。在中国东部，分段挖掘了一些水道，使它们南北相接，把政治、军事重心的北京和相对发达的江南联系起来，建成了从北京到杭州、南北贯通的大运河。这条元代运河不通过洛阳，几乎是一条直线。它奠定了今天京杭大运河的基础。

从邗沟的修建到今天，大运河的历史已经有两千多年了。在漫长的年代里，大运河不仅促进了中国南北方的物资交流，而且对政治、经济和文化的发展，国家的统一、民族的兴盛都曾起过重要的作用。

京杭大运河全长约1800千米，是中国最长的运河，也是世界最长的运河。它的开凿历史和航程长度，都远远超过了世界著名的苏伊士运河和巴拿马运河。它是中国历史上的奇迹，是我国的与长城齐名的伟大工程。

大运河从北向南可以分为几段：通惠河、北运河、南运河、鲁运河、中运河、里运河和江南运河。

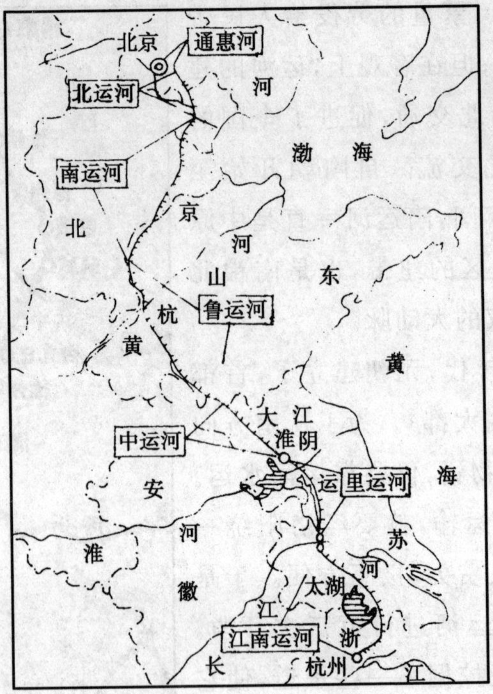

下面我们从北往南看看大运河及其两岸的今昔。

运河与北京

北京是大运河的起点,北京城的发展与大运河是息息相关的。

早在隋朝时期,作为当时军事重镇的北京,在发展、建设上就与大运河有着密切的联系。正像我们前边提到的,隋运河的沟通,使北京与洛阳、杭州相连,南方的粮食及军用物资可以通过运河送往北京。这样,不仅繁荣了北京,也为保卫国防、巩固北京地位起到了积极作用。

金代以后,北京先是陪都,后又成为中国几代的都城。运河在为北京运粮方面的作用更为突出。

当时,北方游牧民族统治国家,北京不仅成为全国的政治中心(当时称中都),而且是游牧民族与农耕民族(主要是汉族)的物资交流集散地。不过,当时的漕粮(通过水道运输称漕运,漕运的粮食称漕粮)主要是华北大平原的。

元、明、清时期，北京人口不断增多，城区不断繁华，商铺鳞次栉比，人文荟萃，成为全国政治、军事、经济和文化中心。

长期以来，北京作为帝王之都，不仅居住着皇室宗亲、文臣武将，还聚居着大量的士、农、工、商等各行各业的人们。因此，每年消费的粮、油、菜、薪的数量是十分惊人的。其中大宗的粮米更是人们每天不可缺少的食品。北京的粮米不仅难以保证市民，更难满足皇室和贵胄们的奢侈消费。这样，元代面临的漕运比以往更为繁重。于是出现了又一次大规模地开挖运河，也就是前边提到的历史上第三次对大运河的开凿。人们在杰出的科学家郭守敬的领导下，把原来“入”字形的隋运河改为直线形的运河。这样，江南鱼米之乡的粮米便更多地、源源不断地运到了北京。

通惠河新貌，旧时繁忙的运河两岸，如今已经成现代化的商务中心

从北京到通县的运河就是通惠河。在北京漕运的码头就在今天的积水潭，大批南方的漕粮最后经过通惠河就可直达这里，这里曾出现过“桅樯如林、舳舻蔽水”的盛况。因此，积水潭便成了当时北京以粮食为

主的贸易中心。

明清两代，每年从南方经运河到北京的粮食均达几百万石，成为皇室重要的粮食来源。运粮船还搭运商货，成为商业运输的交通工具。今天我们在北京的故宫、十三陵大殿中所见到的许多硕大的楠木和古代园林里用的大青砖、琉璃瓦等，大多是经运河从南方运到北京的。如果你到北京来，游览了天安门、故宫、颐和园、北海、天坛等名胜古迹，你能把它们与大运河联系起来吗？

可以看出，北京的繁荣和发展，它的政治经济地位的巩固，与大运河有着多么紧密的联系。

南、北运河今昔

从天津往北到北京通州区是北运河，往南到临清(或德州附近的四女寺)是南运河。北运河携永定河、南运河携大清河和子牙河等在天津交汇，由海河注入渤海。也就是说，今天的海河水系的构成既有天然河流，又有人工河流。与天然河流不同的是，南运河和北运河沟通着这一地区的南北，对这一带的发展有着重大的影响。

提起大运河，谁都知道它的北方的起点是北京。可是北运河却有个“龙头凤尾”的美称。这是怎么回事呢？

原来，通县(现北京市通州区)至北京一段运河长期淤积而湮废，明清两代虽多次兴工修复，却始终没有恢复元朝时的旧貌。大运河向北最多只能通到北京城郊，所以，明代以后的大运河的北端实际上是通县。这样，从北到南，北运河就成了大运河的龙头了；而从南到北，北运河又成了大运河的凤尾了。

北运河自隋朝开始就是江南漕粮进北京地区的关键地段，到了元朝以后，北运河的漕运更加繁忙。据说，当年在北运河航行的官船有888帮半。50只船算一帮，每船有26个船夫，有一个小官押船，专门往京都运送粮食。此外还有48帮南来的民船，以及搭有凉棚的小凉船和不带家属的光棍船。这些大小船只到了通县东关外停靠后，有三千脚夫日夜往岸上扛粮食，然后再运往北京。正因为如此，在通县还专门建有一些作为储存漕粮用的粮仓。

当时从通县到天津，沿岸设立了码头和集镇。古民谣说的“杨村、蔡村、河西务、南平、码头、张家湾”都是当年北运河沿岸兴起的码头古镇。在通县附近的张家湾，曾经是北运河的漕运总站，当年繁华热闹的地方，如今不在运河岸边了。北运河中部的河西务，虽地方不大，却也曾十分兴旺。当年南来北往的船只，都要在此停泊过夜。现在的河西务仍是个贸易兴隆的地方。南、北运河与海河交点上的天津是当时的重要水运枢纽。隋朝时，天津就是南方物资经运河向北京转运之地。唐朝时，不仅运河航运被充分利用，而且江南(从长江口)至渤海的海上航运也大大发展起来了。这样，海运漕粮也通过天津向北京转运。以后，天津的这种枢纽作用不断加强，逐步发展成为我国重要的城市，也使得北运河在千百年来担负着繁重的水上运输任务。今天，天津是我国北方的重要海港，京沪、京哈铁路枢纽，京、津、塘高速公路的中继站，同时也是我国重要的工业城市。

流经天津的运河

南运河南段、晋鲁边境上的德州为许多人所熟悉。可你知道吗，这里早在五百多年前，已成为古代苏禄国王及其后裔的第二故乡了。

古苏禄王国位于亚洲东南部加里曼丹岛和菲律宾群岛之间的苏禄群岛上，就是现在菲律宾的一部分。1417 年，正是中国明朝的鼎盛时期，苏禄国的东王巴都葛·巴哈剌率领一个 340 多人的大型使团访问中国，在北京见到了明朝皇帝（明成祖），受到了盛情款待，并与中国建立了友好外交关系。回国时，他们乘船经运河南下。到德州时，由于天冷着凉东王病逝。明朝皇帝为他举行隆重的葬礼，将他埋在德州，建立了苏禄王墓。当时，苏禄国留下了十几个人守墓，以后一代一代往下传。现在德州姓温的和姓安的就是苏禄东王的后裔，他们于 1731 年（清朝）加入了中国国籍。

德州苏禄王墓地

去德州的时候，可不要忘记“拜访”这一中菲友好使者——苏禄东王。

元朝时，因皇帝常巡幸南、北运河，所以也称御河。沿运河两岸出产的小米很有名，叫作御河米，南方人很喜欢吃。北上的运粮船回南方时，常要带些回去。这御河米就成了南方一种珍贵的食品了。

总之，南、北运河在相当长的时期内，是船只南来北往，穿梭不息的水上交通线。但是在今天，这风帆飘扬的热闹景色已消逝无存了，代替它的是京沪铁路和平行于它的其他交通路线。

鲁运河览胜

从南运河往南到台儿庄，几乎都在山东境内，因而称鲁运河。沿河两岸，名胜古迹很多，犹如一幅人工美和自然美融为一体的画卷，使人流连忘返。

进入山东境内沿运河继续往南，可见河畔耸立着一座铁塔，这就是聊城铁塔。专家们认为，这铁塔的建筑年代约在九百年前的宋金之际。塔身是由生铁铸造的，但却是仿木结构的八角楼阁式建筑。高 15.8 米，共十三层，这是聊城奇观之一。

聊城铁塔

聊城的标志是聊城旧城中心的光岳楼。600 多年前的明朝时期，为了“远眺料敌与严更漏”，用修城的余料建成，所以也叫余木楼。楼高 33 米，巍峨气派。登楼远眺，可见大河奔流，苍茫接天，景色格外壮观。如今，登上光岳楼，最宜人的景色就是坐落在旧城四周的、碧波荡漾的环城湖了。1974 年，楼上悬挂上“光岳楼”的新匾额。这是我国著名历史学家郭沫若为纪念光岳楼建楼六百年而题写的。

使聊城人自豪的还有“山陕会馆”。“会馆”二字很容易使人想起武林人士汇集的武术会馆，但我们这里的“会馆”却是商人云集的地方。这个会馆在古运河沿岸。元代以后，古运河的漕运逐渐使聊城的商业兴旺发达起来。清明时代，它就成了古运河上南北运输要冲，在往来南北各地商客中，山西和陕西的商人居多，1743 年，山西、陕西商人集资兴建了这个会馆——山陕会馆，建筑面积 3 311 平方米，殿阁堂楼 160 多间，是神庙与会馆相结合的建筑群；画栋雕梁，飞檐挑角，辉煌耀眼，是我国古代建筑艺术的瑰宝。

今天的鲁运河，许多河段已无水了，而济宁以南却仍可通航。来到济宁，人们都会去一趟济宁的近邻——曲阜。

曲阜是我国古代著名的思想家、教育家孔子的家乡。孔子生活在春秋时期。他生前致力于教育。他的弟子相传先后有三千人，其中著名的有 70 余人。当年，有个卫国大夫叫孔圉（yǔ），此人非常好学而且谦逊，曾经求教过孔子。卫国为了表彰他生前虚心好学的精神，在他死后，赠给他一个谥号叫“文”，后来人们常称孔圉为孔文子。孔子的学生子贡想不通，认为孔圉也有毛病，为什么还要表扬他呢。于是问孔子：“孔文子何以谓之文也？”意思是说，孔圉为什么叫做“文”呢？孔子回答：“敏而好学，不耻下问，是以谓之‘文’也。”意思是说，他天资聪明又善于学习，不以向比自己差的人请教而感到可耻，所以他的谥号叫做“文”。

孔子的教育思想和精神至今仍为我们所推崇，如“学而不思则罔，思而不学则殆”“温故而知新”“学而不厌、诲人不倦”等等。两千多年来，曲阜作为孔子的故乡，在人们心目中的地位与日俱增，为纪念孔子，历代统治者在曲阜大兴土木，营建了规模宏大的孔庙、孔林和孔府。这就是闻名全国的曲阜三大名胜。

从济宁顺运河南行不远，就会看到一片接一片的、波浪起伏的宽阔水面，使人心旷神怡。大运河在这里怎么一下变宽了呢？原来，这里是山东南部的湖泊群。从北到南有南阳湖、独山湖、昭阳湖和微山湖，通称

孔庙大成殿

南四湖。因其中微山湖最大，所以南四湖也称微山湖。大运河将这些湖泊连在一起，构成了一条航运水道。在这里，湖就是河，河就是湖。可见，大运河不完全是人工修成的，它还有像微山湖这样的天然水道。

有一首动听的歌：“西边的太阳就要落山了，微山湖上静悄悄。弹起我心爱的土琵琶，唱起那动人的歌谣……”这是电影《铁道游击队》中的插曲，它使人想起抗日战争时期，活跃在微山湖上、津浦铁路（今京沪铁路）两侧的游击队员，在中国共产党的领导下，英勇、机智地与日本鬼子进行斗争的故事。著名国民党爱国将领李宗仁曾率领他的部下，在距微山湖不远的台儿庄，与日本侵略军进行过一场殊死的战斗，这就是“台儿庄战役”。

微山湖的夕阳

苏北运河风光

在长江以北的江苏境内，中运河和里运河自北而南穿过广阔的苏北平原。我们把大运河在苏北平原的这段又称苏北运河。从淮阳往北为中运河，往南为里运河。

当年的邗沟就在里运河所流经的地带，但历史上有过几次重大的改变。

最初修建邗沟时，用运河将一些天然湖泊连起来，形成一条向东绕的弯弓水道。汉朝时把弯子裁直了。隋朝时，大规模、系统地整疏大运河，这段又经过一定的拓宽、定型，并向北延伸，于是苏北运河形成了。后来，黄河多次泛滥，特别是1194年，黄河水夹带大量泥沙把淮河的河道淤积、堵塞了，淮河水无法东流入海而回流，在运河西部的洼地形成了湖泊，著名的有洪泽湖和高邮湖。这样，在高邮湖航行，既可以说是在河上，也可以说是在湖上。在这一带，一遇风浪，很容易翻船。明朝时期，在湖的东侧另开了运河河道，河道东西两侧修筑了长长的堤坝。运河西堤外是浩淼的湖水，东堤外是广阔的平原，这广阔的平原比运河的水面还要低四五米之多，所以叫里下河地区。只要堤坝决口，里下河地区就泛滥成灾。新中国建立以后，对大运河进行了整治。1982年冬到1983年春，又一次整治，加固了堤坝。现在的东堤，高8米，犹如一道屏障，保护着里下河地区1 500万亩耕地，800多万人口。

现在，来到里运河，最引人注目的就是两岸巍巍大堤了，像水上长城护卫在运河两旁，像巨龙伏卧在运河边，迎河面是水泥嵌缝的块石护坡，堤上林木郁郁葱葱。还可看到“人在水底走，河在房顶流”的景象。

徐州、扬州在苏北运河的北、南两端，同其他古城被运河串成一线，它们的经济和文化的发展，都与大运河有着历史渊源，不仅景色秀丽，而且荟萃了诸多古代文物。如江阴郑文英墓，淮安文通塔，高邮文游台，兴化施耐庵墓地等。

苏北运河

在徐州东北的运河上有座石桥——荆山桥。此桥是在1 704年建成的，是座159孔的石拱石板桥。相传，清朝乾隆皇帝南巡路过这里，曾在桥头一茶亭小憩，环视这里山清水秀的美丽风光，挥笔作诗《荆山桥歌》："石桥三里许以长，如虹蜿蜒饮两塘，南北咽喉形胜控，春秋节宣计书良；东接睢邸耕桑野，两连好沛王坝乡，我曾坐照资利涉，发币修筑乃如常。"并为石桥题字"万世津梁"，被刻在桥顶一对石狮子之间。距桥200多米处，还有一石牌坊，其上横额北侧刻有"荆山桥"三字，南侧（即背面）刻有"得涉大川"四字，牌坊石柱上刻有对联，与"荆山桥"同侧的是"虹影飞空百世津歌利涉，湖光澄碧九州行旅沐恩波"；另一侧是"山近彭城水映之龙瞻瑞霭，人道王路功成砥柱履州行"。也都是乾隆所写。

不过，这地方因疏浚运河，在1958年就将桥拆除了。这座古桥三百年的历史任务虽已完成，但遗迹犹存。

扬州一带一直是中国历史上富庶、繁华的地区，曾有"一扬二益"的说法（益即益州，今成都）。大运河最早就是在扬州一带开挖的。早在春秋时代，吴王夫差开邗沟、筑邗城，就是古运河和扬州的前身。隋炀帝下扬州、开运河、建行宫，把扬州推向了历史上繁华的鼎盛时期。到了李白送孟浩然"下江南"的唐代，扬州已成为"江淮之间，富甲天下"的都会。

可以说，是大运河使扬州走向繁荣，是大运河使扬州成为人们向往的地

扬州古运河

方。多少年来，扬州是几代帝王的行宫，是我国东南地区经济、文化的中心。这里不仅“商贾如织”，而且还引来许多文人墨客，如李白、孟浩然、白居易、欧阳修、苏东坡、王安石、郑板桥等，都曾在这里留下足迹。他们不仅用笔描绘出这里美丽、繁荣的景象，还抒发出了对祖国、对家乡的一片深情。

在扬州，有山水自然美与园林美的瘦西湖；何园（寄啸山庄）、以湖石假山为主的小盘谷等古园林；有佛教的大明寺、天宁寺和伊斯兰教的仙鹤寺、回回堂；有扬州唐城遗址、隋炀帝陵……耸立在运河边的文峰塔是扬州城的明显标志，这诸多古迹都与运河有着不解之缘。

王安石是我国古代的政治家、改革家，曾在宋朝神宗年间进行政治、经济改革，推行“新法”。可是“新法”遭到反对，王安石最终被迫辞去宰相职务。1076 年春天，他返回家乡金陵（即南京），途中乘船经运河下扬州，在瓜洲（扬州市南，苏北运河南端、长江北岸古渡头）停泊。当他环顾长江两岸景色时，触动了怀念家乡的情思，写下了一首脍炙人口的诗：“京口瓜洲一水间，钟山只隔数重山。春风又绿江南岸，明月何时照我还。”诗的大意是：瓜洲和京口（今镇江市）之间，只隔一条长江，从京口到钟山只需过几座山，也没多少路了。春风又吹绿了江南两岸，明亮的月亮啊，何时照着我，让我回到家乡？这后两句还另有一番含义。诗人在这里借用江南春

镇江运河，瓜洲古渡

色来赞颂他的“新法”。诗人站在船头，遥望江南两岸，春风和煦，大地披上了一片绿装，他浮想联翩，回想自己推行“新法”，使国家政治、经济出现新面貌。而现今，变法失败了，自己被免职，于是心中不免惆怅。他多么希望能够重返政治舞台。因此，“明月何时照我还”，抒发了王安石壮志未酬，希望再展宏图的胸怀，借思乡表达了忧国的感情。

苏北运河，当年南粮北运的水上航线，如今担负起北煤南运的重任，它是联系徐州、兖州、淮北、淮南煤炭基地和沪宁杭工业区的水运干线。由于它的沟通，在中国江淮流域构成了一个巨大的江淮水运网。

我国北方的煤很丰富，而水却很缺乏。为了解决北方缺水问题，我国政府决定将长江水引到北方，即南水北调。苏北运河首先承担起这一重任，南水北调的起点就在扬州附近。

由此可见，苏北运河具有通航、防洪、灌溉、渔业、送水几方面的作用。

江南运河胜景

在长江南岸，与瓜洲遥相对应的镇江，是大运河上又一个重要码头。

从这里往南就是大运河的最南一段了，这就是江南运河。

镇江是江南运河的北部起点，由此向东南，经常州、无锡、苏州，绕太湖之东，过嘉兴，直抵杭州。沿运河，遍布着风貌多变、奇趣横生、各具特色的古园林，如湖滨园林、山麓园林、寺庙园林、城市园林；各种形状的桥梁飞架于运河之上，有年代久远、古香古色的拱形石桥，有20世纪50年代末兴起、保持着民族风格的钢筋混凝土曲拱桥；在没有桥的河段上，则有小舢板和机动船来往摆渡，成了水上“公共汽车”；在绿水碧波间，南来北往的船只也不少，有摇橹的木船、成串的拖驳、颠簸浪尖的小筏子、水泥制成的机帆船等等，真是热闹非凡，河道两岸的水乡景色别具一格：居民住宅临水而建，平房、楼房相间分布，几乎家家户户都有石阶码头，取水、洗涤十分方便，在窗台上、阳台上、屋顶上摆放着姹紫嫣红的花卉和山石盆景，有的人家的屋檐下，还悬挂着精巧别致的鸟笼。千古运河充满了青春活力。如果你来到江南运河旅游的话，还可领略到太湖烟波浩淼之美，千年的文物古迹之胜，江南的刺绣、泥塑、陶雕、漆刻、玉雕等特种工艺之奇。这样具有迷人魅力的古运河及其两岸风光，谁不想亲临观赏、到此一游呢！

江南运河

此外，运河沿岸那些真实的历史故事和美丽的神话传说，以及风味各异的美味佳肴，也会给你带来无限乐趣。

镇江是一座历史悠久的古城，曾是三国时期吴国的军事重镇。在这里有著名的金山、焦山和北固山等名胜。

气势雄伟、如中流砥柱耸立于滚滚白浪之中的焦山，是镇江观看长江的好地方，自古以来就是游览胜地，还是著名的书法碑刻之山。宝墨轩碑刻是焦山有名的历史文物，保存着各种名贵的碑刻200多块。被誉为“大字之祖”的六朝古碑“瘗鹤铭”就在这里。焦山沿江岸的陡崖峭壁上镌刻着历代游人的题名，楷、草、隶、篆琳琅满目，其中最著名的是陆游的题名石刻。

来到无锡，运河穿过市区约有15千米。在这里，可见到“一片平原开绿野”，尽纳惠山和锡山之景；可见到龙光塔影倒映于碧波之中；可见到工厂林立、行人熙熙攘攘的闹市；可见到的白墙青瓦、古色古香的运河两岸的居民住宅；在运河进入水巷人家时，多少还可以窥见到这座城市里人民生活的情景。

无锡运河

无锡北段运河宽阔的水面中央微露一块陆地，那是黄埠墩，也称小金山。传说此墩通灵性，能逐水沉浮。根据地方志的记载，它确实没有沉没过。这是因为周围河渠成网，水流通畅，雨季时水位不会暴涨的缘故。南宋的文天祥曾在这里写下了“过无锡”的诗一首。康熙、乾隆皇帝巡幸江南也到过此处。此墩与无锡西郊的惠山、锡山相呼应。

无锡西郊的小山峰，相传周秦时盛产锡矿，所以取名锡山。到了汉初锡矿采尽，锡山所在地区就得名“无锡”了。因而有一古谚语：“无锡锡山山无锡”。龙光塔就坐落在这锡山顶上。

无锡市西南、太湖岸边有三座很有名气的公园，它们是梅园、鼋（yuán）头和蠡（lǐ）园。

梅园内，遍山都是梅树，是个以梅饰山、倚山饰梅的园林。

鼋头渚是个三面环水的半岛，因形如突向湖中的鼋头（即鳖头）而得名。它以天然景物为主，人工修饰为辅，依山傍水，是观赏太湖的最佳处。

无锡蠡园

蠡园是个以水饰景的地方。传说，2000多年前，太湖一带有两个诸侯国，一个是吴国，一个是越国，两国经常发生战争。后来越国被打败了。越王勾践发誓要复国报仇，他采纳了大臣范蠡的计策，把聪明美丽、能歌善舞的美女西施献给了吴王夫差。此后，吴王沉溺于酒色，不过问国事，最后被越王轻而易举地打败了。范蠡帮勾践消灭了吴国之后，便辞去了官职，带西施来到了太湖之滨，同西施泛舟湖上。所以这湖又称蠡湖（太湖的一部分，也称五里湖)。后人为纪念范蠡,给这一带取名蠡园。

烟波浩渺的太湖是我国五大淡水湖之一。这里岛屿众多,峰峦延绵,湖光山色,别具一格——山不高而清秀,水不深而宽广,既给人以山明水秀色彩斑驳的美感,又使人感到犹如大海一样的壮阔。若在游览船上,每餐都能吃到新鲜的太湖水产。有一种太湖特有的无鳞小鱼,浑身洁白透明,经过名厨师的烹调,做成香酥银鱼,味道十分鲜美。如果是在秋天游览太湖,在船上还能吃到肥美的太湖螃蟹。

在太湖之东、运河边的苏州,是个著名的水城。城内河道纵横,大街小巷到处有小桥和流水,流水与运河是相通的。13 世纪,意大利旅行家马可·波罗在游览苏州后,称赞苏州是"东方威尼斯"。

苏州又以园林美著称。在我国,凡有官僚、富商、文人聚居的地方,都有许多私家园林,而精华荟萃于江南,江南园林中又以苏州为最多最好,所以,苏州自古以来被人们誉为"人间天堂"。历史上有不少退职官僚、文人、画家、商人,为住在城市里也能享受到自然风光的优美景色,把江南水乡的小桥、流水、亭阁组合在自己的庭园内,形成风格各异的众多园林。有的已有千年历史,一般的也有三四百年。其中最引人入胜的是拙政园、留园、沧浪亭和狮子林,它们被称为四大古典名园。

众所周知,"上有天堂,下有苏杭"。如果说苏州是以园林美而著称,那么杭州则是以西湖美而闻名了。

杭州西湖因位于杭州城西而得此名。在西湖的四周集中了杭州市大部分的名胜古迹,构成了 49 平方千米、享有盛誉的西湖风景区。西湖是这一风景区的灵魂。它一面临城,三面环绕着葛岭、北高峰、飞来峰、南高峰、玉皇山等山,这些都是我国著名大山天目山的余脉。山不太高,却挺拔秀丽,有"群峰来自天目,龙飞凤舞到钱塘"之誉。山中泉水很多,其中虎跑泉、龙井和玉泉是这里的三大名泉。西湖四周,可以说是千花不绝、万木峥嵘的世界。在这山、花的衬托之下,西湖显得十分宁静和秀美,这里真是"水光潋滟晴方好,山色空蒙雨亦奇"。无论是春夏秋冬、无论是晴雨阴云，当你漫步在西湖岸边、湖上的苏堤(湖西部)或白堤(湖北部)，你都会感到“近水远山皆有情，古今难画亦难诗”。在以西湖为中心的风景区中，有众多景点为人赞美。享誉最久、闻名中外的有十景，即断桥残雪、平湖秋月、三潭印月、双峰播云、曲院风荷、苏堤春晓、花港观鱼、南屏晚钟、雷峰夕照、柳浪闻莺，被称为“西湖十景”。

在西湖北部，有一高出水面38米、与白堤相连的、面积约20公顷的小高地，叫做孤山，因多梅花，也叫梅屿。康熙和乾隆曾在孤山上建了行宫。辛亥革命后，在行宫遗址改建为中山公园。公园里有座小庭园，是由高低参差、疏密有致的叠石与亭阁、曲桥、水池、花榭构成的。小庭园有一楹联，点出了西湖的湖光山色:“水水山山处处明明秀秀，晴晴雨雨时时好好奇奇。”白居易曾在杭州任刺史，在他离开杭州时，对西湖是万分依恋的:“未能抛得杭州去，一半勾留是此湖。”到西湖游览的人，谁能不流连忘返呢。

杭州西湖

西湖美景为杭州添色。杭州的发展，使西湖变得越来越美丽、越来越吸引人了。自从江南运河开通后，杭州就成了我国重要的商业城市。后来，五代时期，吴越国和南宋国在这里建都(杭州是我国六大古都之一)。杭州的人口不断增加，杭州城也不断兴旺、发达，西湖一带也不断地整治、不断地建设，杭州也就成了驰名中外的旅游名城了。